活动 1-1 掠影

活动 1-2 掠影

活动 1-3 掠影

活动 2-1 掠影

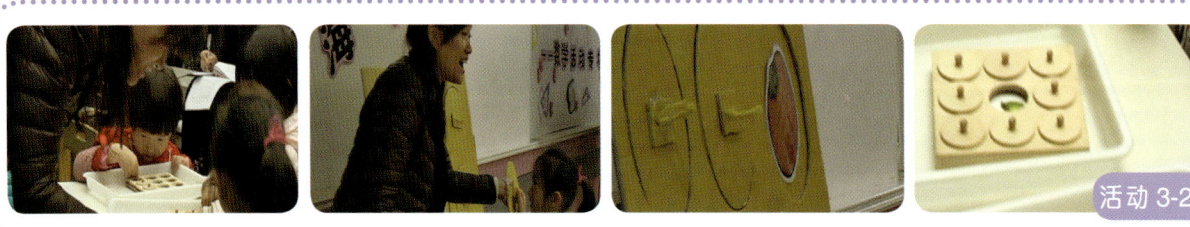

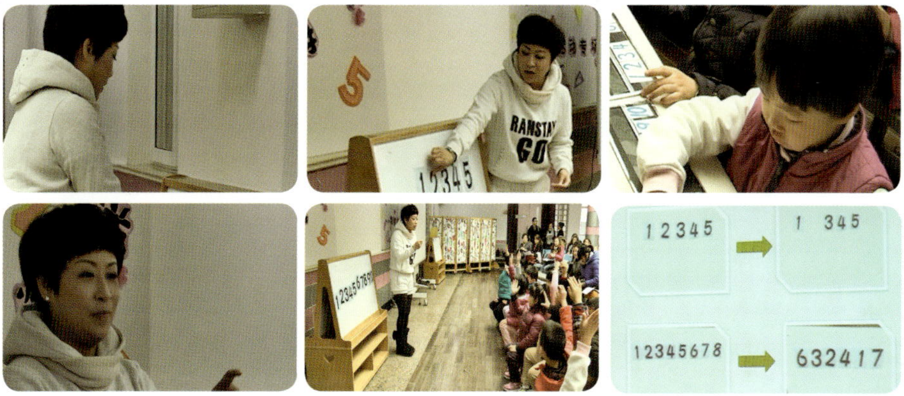

1 2 3 4 5 → 1 3 4 5

1 2 3 4 5 6 7 8 → 6 3 2 4 1 7

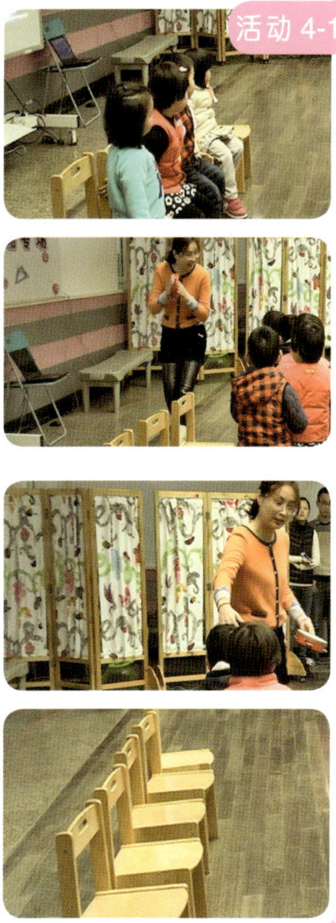

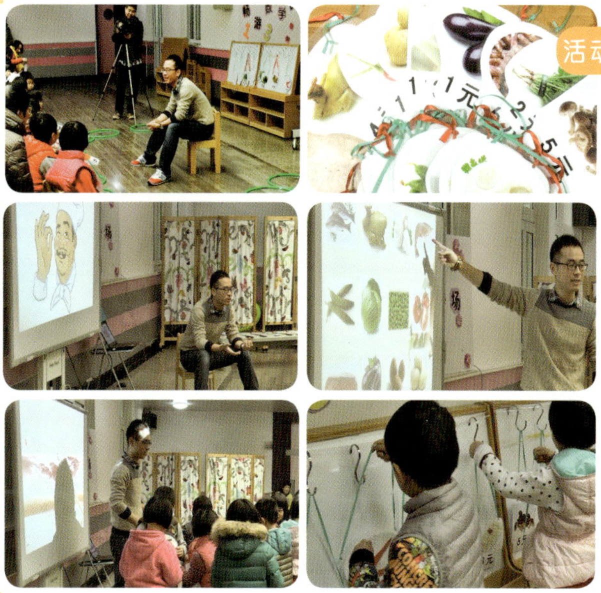

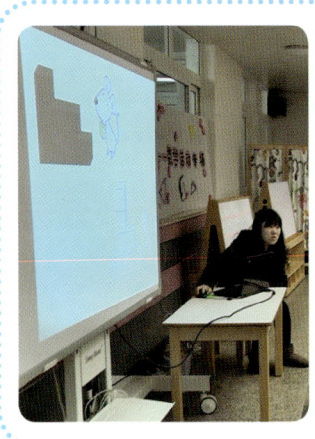

活动 5-2 掠影

活动 5-3 掠影

幼儿园教师胜任力培训丛书

微
课
版

幼儿教师
基本功

shu
xue

爱上
数学

徐苗郎◎主编

华东师范大学出版社
·上海·

在"至上李慰宜教师培训学校"领导的关心帮助下，通过幼儿数学实践研究班导师与学员的共同努力，继《幼儿教师基本功：爱上美术》出版后，我们"爱上"系列的《幼儿教师基本功：爱上数学》也正式出版了。这是我校继"教学手册""这样做"两个系列以后，编写的第三套幼儿园教学研究的系列图书。之所以称之为"爱上"系列，是将其赋予了以下两层意思：

第一，让幼儿教师爱上不同领域活动的内容、形式和方法，并将它们融入幼儿园日常活动中，让教师体会无限的乐趣。

第二，使我们的幼儿在各类活动中，兴致勃勃地学习，热爱生活，喜欢探索，积累有助于他们成长的各种关键经验，学出智慧、学出能力。

《幼儿教师基本功：爱上数学》中各个板块均体现了我们的编写主旨。它以五位导师的主题讲座为线索，按照"另眼看数学""挖掘民间游戏中的数学元素""巧用学具，使数学活动游戏化""生活中处处有数学"和"幼儿数学学习核心经验解读"等主题内容展开。每个主题又围绕着实践课例在"导读""活动展示与评析""主题研讨"和"任务体验"等四个板块呈现了研讨的过程。

【导读】

主要介绍了这一讲研讨的核心内容和方法，以及通过此讲教师和幼儿能够获得的数学经验、能力，可使读者对本讲中的具体内容产生比较清晰的认识。

【活动展示与评析】

详细介绍了与主题研讨对应的三个实践活动的设计方案，提出了有关设计方案的思考问题，进而以活动反思和活动评析的方式展现了教师和导师对活动的思考，可使读者提升对活动价值的理性认识。同时，读者可扫码观看活动现场实录。

【主题研讨】

由五位幼儿数学教育专家领衔，就"另眼看数学"等五个方面，深入浅出地从理论和实践两个方面讲解和剖析,帮助广大幼儿教师将先进的教育理念指导转化为切实可行的教育行为。

【任务体验】

在主题研讨后设置了任务体验这一栏目,旨在联系实践活动让读者进一步思考本讲的核心内容,并在思考问题中将之尝试运用。

以上四个板块是历年来我们在开展实践研究与培训的过程中逐步形成的教学模式,也体现了我校实现立足教学第一线的初衷,更是实践研究不断延续和发展的根本。

我们的“爱上”系列展示的不仅是几次讲座或几个实例,而是我们这一群爱上幼儿、爱上幼儿教育,一生留在平凡幼儿教育第一线的新老幼教人留下的足迹。我们的“爱上”不是盲目的,而是和国家的振兴、幼儿的健康成长息息相关的。它反映了在教育事业飞速发展的当下,作为一线教师的我们,不断学习国内外先进理论和教育经验,思考如何结合我国的文化和幼儿的特点进行改革,进而在实践中身体力行地尝试、验证和反思,试图走出一条具有时代特征的中国特色幼儿教育之路,以及在这一过程中实实在在的心路历程。这是我们这些一线教师的思维特征和工作方法,也是我们的理想和信念,在此与大家分享。

|目录|
CONTENTS

|目录|

CONTENTS

|目录|

CONTENTS

第 一 讲

另眼

看数学

·导 读

　　此讲通过展示不同主题的数学活动,提出了教师的数学素养和数学能力在设计和开展数学活动时的重要性,并说明了这两者在实际教学工作中运用的方式和要点,继而提倡教师在提升自身数学素养和数学能力的基础上,通过巧妙的设计将数学知识传递给幼儿,使幼儿在潜移默化中获得相关的数学经验,发展数学能力。

方脸和圆脸（中班）

周珏红

活动目标

1. 运用已有的图形经验,区分物体中的方形和圆形。

2. 在故事的情境中乐意进一步思考图形组合和生活的关系。

活动准备

1. 教具:PPT课件。

2. 学具:家中的物品若干。(盘子、碗、杯子、书)

图1

活动过程

一、故事导入,激发学习兴趣

比较故事中的两位主人公:方脸公公和圆脸婆婆。

山脚下住着一户人家,家里有一位老公公和一位老婆婆。老公公高高的个子,挺瘦,长着方脸盘儿。老婆婆矮矮的个子,挺胖,长着圆脸盘儿。

1. 提问:为什么叫方脸和圆脸呢?(熟悉故事主人公,巩固幼儿已有的方圆图形的经验)

2. 小结过渡:方脸公公和圆脸婆婆长得那么不一样,他们之间会发生什么事呢?

方脸老公公喜欢方东西。他坐,要用方凳;喝酒,要用方杯;就连走路,也要迈四方步。

圆脸老婆婆喜欢圆东西。她吃饭,常用圆桌;梳头,要照圆镜;睡觉的时候不用枕头,枕一个大南瓜。有一天，老两口吵了架，要分家。

二、在故事情境中进行图形分类

1.看PPT课件，引发讨论。（出示物品，鼓励幼儿运用已有的图形经验为老公公和老婆婆分家）

重点提问：

（1）什么叫分家？怎么分呢？（方东西归方脸公公；圆东西归圆脸婆婆）

追问：看他们家有许多东西，请大家帮助公公婆婆分一分。什么样的东西是老公公要的？什么样的东西是老婆婆要的？

（2）幼儿操作要求：老婆婆要的放在圆桌子上，老公公要的放在方桌子上，边说边送。

2.引发争议，知道方圆不可分。

老公公指着桌椅说："桌凳是方的，归我。"老婆婆说："钉子是圆的，我得把钉子都取下来……"老两口分了一上午，越分越分不清楚。瞧吧：被子是方的，被面上绣的花是圆的！菜刀是方的，刀柄是圆的！褂子是方的，袖子是圆的！

重点提问：

（1）被子上圆圆的花纹能够分给老婆婆吗？说说理由。

（2）菜刀和刀柄可以分吗？说说理由。

原来很多东西要是分开来了，就不能用了。

3.寻找不能分的物品，知道图形组合在一起的意义。

重点提问：

（1）老公公老婆婆家还有又有圆又有方的东西吗？

（2）这些东西能分吗？为什么？

在我们生活中有很多东西是由方形和圆形组合在一起的，当它们成为好朋友在一起时，才更有用！

三、经验迁移,体会共处的快乐

进一步阅读故事。

重点提问:

你们能用分东西的道理劝劝他们,让他们不要分家吗?

老两口再相互看一眼,又发现:老公公的脸盘是方的,眼珠儿是圆的!老婆婆的脸盘是圆的,两颗门牙是方的!"哈哈!"老公公笑了。"噗嗤!"老婆婆乐了。老公公和老婆婆都说:"不分啦!不分啦!"现在,老公公和老婆婆还住在一起,他们越过越快乐!

方形和圆形组合在一起才是有用的。同样,一家人相亲相爱在一起才是快乐的。

四、延伸活动

生活中有哪些东西也是既有方形又有圆形的?回去之后可以找一找。

1. 当刚开始遇到方圆不可分时,教师应该怎样引导幼儿发现并解决问题?
2. 《方脸公公和圆脸婆婆》的绘本故事,在活动中起到了什么样的作用?

活动反思

《方脸公公和圆脸婆婆》是一个很经典的故事,这一次教学也是利用这一故事来开展数学活动的,其目的在于让幼儿运用已有的有关图形的数学经验来区分方形和圆形。

在《方脸公公和圆脸婆婆》的故事情境中,图形与我们的生活之间是相互关联的,幼儿可以思考这两者之间的关系。具体从活动来看,它主要通过故事中包含的分类情境,让幼儿帮助老公公老婆婆对故事中涉及的物品进行图形分类。这些需要被分类的方方圆圆的物品,有的既包含圆形,也包含方形。对于幼儿来说,他们一开始可能并不会仔细观察,因此不能注意到这一问题。此时,教师就要引导幼儿观察,以提问的方式让幼儿判断这些东西要不

图2

要分家。这也会引发幼儿的讨论,让幼儿在讨论的过程中,逐渐发觉我们的生活中有很多这样的物品。

从现场的教学来看,幼儿都很聪明,他们最终能够发现生活中有很多物品是不能将它们之中包含的圆形和方形完全分开的。同时,幼儿也进一步通过故事情境明白,一家人要相亲相爱地在一起。

活动评析

这个活动指向的是《3—6岁儿童学习发展指南》(下文简称《指南》)中数学认知部分的要求,具体为要求幼儿感知和发现常见几何图形的基本特征,并能对图形进行分类。虽然幼儿园中已有很多相关活动,但是大多是就课论课,缺乏对幼儿长远发展的考虑。从长远的角度,我们应该帮助幼儿在实物物品和图形之间建立联系,而这个活动就做到了这一点。另外,数学教育也要让幼儿能够感受到生活中物品的形状特征。对于生活中的物品来说,幼儿还是偏向于了解某一物品的某一主要特征,而对于其全方位的特点,幼儿的敏感度不够高。因此,对于这些数、量、形的多方位特征,我们需要让幼儿去认识和描述。

基于此,在"方脸和圆脸"这个活动中,教师希望能够引导幼儿观察生活中物品的图形特征,鼓励他们按照形状对物品进行分类整理。同时在活动中,教师也有意将这些物品与《方脸公公和圆脸婆婆》的故事情境结合在一起,让幼儿在故事情境中进行操作和学习。

本次活动的设计有很多需要教师注意的地方。

首先,在一开始根据绘本故事进行活动的过程中,有这样一个情节,即比较老公公和老婆婆有什么不同。这其实是一个教师容易把握不好的地方,因为中班幼儿的注意力和观察点比较分散,他们往往基于自己的经验来讲述自己的发现。对于找不同之处的要求,幼儿可能会发现很多数学元素,比如多少、胖瘦等。这些回答的确与幼儿的数学经验相联系,但是这些散点状的回答会让活动偏离主题,从而无法聚焦在后续的教学关键点上。因此,这一环节的提问是教师需要好好把握的。

其次,在被子这一物品出现时,有的教师会直接问:"被子上的圆点和被子要分开吗?"

这种直接的问法是存在问题的,它完全脱离了故事情节的发展,是教师以结果为导向提出的问题。更好的方式应当是让幼儿判断被子给谁比较好,让幼儿根据自己的经验回答,再根据幼儿的回答使他们发现存在的问题,并跟着故事中人物的争论一起讨论:用剪刀将圆点剪出来给老婆婆,把剩下的被子给老公公,这样的方法可不可以?最终从情感的角度得到不能分的结论。以这种方式避免结果意识,以故事的情境和情感引导幼儿区分圆形和方形,会显得比较自然。

最后,在执教的时候,教师应当紧扣故事中的语言和情境来回应幼儿。比如在讨论到脸部时,可以从老公公的角度来告诉幼儿:如果我没有圆圆的眼睛,就看不见了;如果我没有方方的牙齿帮我的忙,就不能吃东西了。所以身上的任何一样东西都不能分,必须在一起。将绘本中好的语言、情绪、情感穿插在活动中,可以帮助幼儿理解故事的本意,也是利用绘本进行数学教育的关键。

(吴月萍)

扫一扫,获取现场
活动视频

叠叠乐（大班）

孙 婕

活动目标

1. 引导幼儿在操作中感知图形重叠后会形成新图案的现象，帮助其获得空间方位、空间想象、空间组合等经验。

2. 鼓励幼儿积极参与游戏，在游戏中发展判断力、观察力与想象力。

活动准备

1. 课件PPT、磁性大黑板一块。

2. 图形叠叠乐：红、黄、绿三色的大小不同的圆形、方形、三角形共18片，带磁贴。

3. 方框叠叠乐：

(1) 绿、蓝、粉三色瓶子。

(2) 透明方形、黑色图形方框若干。

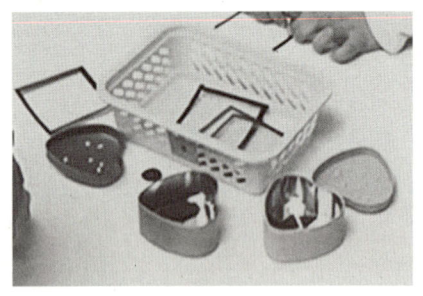

图1

活动过程

一、说说你的图形（熟悉操作材料的特性）

请幼儿拿出自己椅子底下的一个图形，进行观察。

1. 情境：今天我带了一些图形来和你们做游戏，每个人都有一个图形。

2. 观察：请你形容一下你手中的图形。（颜色、大小、形状）

3. 提问：谁的形状和他（圆形）的是一样的？

4. 提问：都是圆形，它们之间有什么小秘密？（大小、颜色的相同或不同）

 **小结**

正方形和三角形也是这样,图形之间有颜色、形状和大小的区别。

二、图形叠叠乐(根据屏幕上所显示的要求与同伴合作重叠图形)

1. 显示文字"叠叠乐",了解游戏的玩法。

(1)幼儿猜测:每个人手上有不一样的图形,你觉得这个游戏怎么玩?

(2)游戏规则:观察屏幕上的图案,然后去找一找适合的图形,接着和同伴合作把图形叠在一起,最后把成功叠成的新图案贴在黑板上展示。每次游戏都要保管好自己的图形。

2. PPT显示出重叠的四组图案,请幼儿先尝试合作,再集体讨论。并通过以下问题帮助幼儿理解:

(1)这个图案是由几个什么图形重叠在一起的?(图形的形状)

(2)为什么都是三角形和圆形,但有些却不能重叠出屏幕上的图案呢?(图形的大小)

(3)你是如何把三角形变成屏幕上的样子的?(倒过来)

(4)为什么用的是大小、形状相同的图形,却没有成功?(图形的颜色)

(5)图形中没有菱形,你用了什么方法?(方形转一转)

(6)这个游戏里,谁能赢?(重叠成功的人和仔细观察的人是双赢)

小结

几个图形叠加在一起会变成新的图案,我们在玩图形叠叠乐的游戏时,一定要仔细观察图形的形状、大小、颜色和方向。

三、方框叠叠乐(猜想方框重叠后里面图形的位置变化,作出正确选择)

1. 幼儿放下手中的图形,观察第二种叠叠乐游戏的图案。

(1)观察:屏幕上有哪些图形?(三角形和圆形在两个大小相同的方形家中)

(2)提问:你能看出三角形和圆形分别在方框里的什么位置吗?(左上、左下)

2. 显示选项,利用辅助物,选择答案。(两次游戏——两个方框重叠)

（1）情境：三角形和圆形成为好朋友，于是它们决定把两个家叠在一起合成一个家。

（2）猜测：重叠在一起后，一个家中的三角形和圆形会在什么位置呢？有三个答案供选择，请幼儿选择并说出理由。

（3）介绍辅助物：如果你不能马上猜测出答案，可以用用"小帮手"。（教师演示并讲解：把这两个图形贴在两个透明方框中，图形位置一定是与屏幕上的位置一样的，然后把两个透明方框重叠即可发现结果）

（4）幼儿进行猜测与操作。

（5）幼儿选择完毕，教师点击PPT进行答案验证。如果有幼儿错了，可以先请他说自己的理由，其他幼儿帮助提醒，问问对的幼儿怎么做。接着PPT演示进行再次提醒，给予幼儿修改的机会。

 小结

方框里的图形在重叠之后位置不变。原来在方框的哪里，重叠之后仍旧在方框的这个位置。

3. 游戏升级：三个方框重叠。（两个相同位置的三角形，与一个不同位置的圆形）

（1）这次是三个方框重叠，你觉得重叠后的方框里会有几个图形？

（2）幼儿操作与选择。

（3）幼儿选择完毕，教师点击PPT进行答案验证。

 小结

两个位置相同、形状一样的图形，重叠在一起之后会变成一个。

 **想一想**

1. 图形重叠现象的背后蕴含着怎样的数学经验？

2. 活动中每个环节进行时需要幼儿考虑到哪些因素？

 **活动反思**

"叠叠乐"的目的指向"理解图形组合的多种可能、培养幼儿的空间感"。在本次活动之

前,幼儿参与过"搭建楼房"的主题活动。在活动中幼儿用一些最简单的形状搭出上海著名的建筑,如立方体作楼层、锥体作屋顶组合成金茂大厦。因此,幼儿已经具备了将抽象的形状演变为具体的图案的经验,且在活动中表现出浓厚的兴趣。在先前活动的基础上,重叠、遮挡作为图形组合的另一种方式,更加适合大班幼儿的思维发展。因此,我设计了本次活动,意图将原本抽象的图形以各

图2

种活动方式深入幼儿的心中,增强他们的空间感。整个活动分成三个环节。

第一个环节:说说你的图形。它旨在让幼儿熟悉与了解活动中运用的图形,使幼儿在观察与讨论中发现图形的大小、形状、颜色的不同,为之后的游戏作铺垫。

第二个环节:图形叠叠乐。幼儿利用手中的图形进行多人合作,重叠出与屏幕上一样的图案。幼儿在操作过程中会发现:需要考虑图形的形状、颜色、大小、方向这四个要素才能游戏成功。

第三个环节:方框叠叠乐。这个环节把图形放在几个同样大小的方框内的不同位置,然后进行方框重叠,让幼儿感受并发现图形在其中的方位不变。

整个活动都是以游戏的方式贯穿开展的,让幼儿玩在其中、学在玩中。在活动中,幼儿从"观察提示——思考图形组合可能——和同伴组合探索"中理解重叠后的图案与图形的大小、形状、颜色、方向、方位这五个要素之间的关系。活动中看似不同的两个游戏,其实指向的教育意义是一样的:培养幼儿的空间感。

活动评析

很多幼儿园的数学活动,它们的主题都是数概念和形状,然而实际上,幼儿园数学教育的活动内容是非常丰富的,不仅局限在这两个方面,这是我们首先想通过"叠叠乐"这个活动让大家了解的。具体来看这个活动,它指向的是空间想象、空间组合与空间方位的概念。教师旨在通过这个活动,让幼儿感知图形重叠之后会产生新图案这样一个有趣的现象,帮助幼儿获得有关空间目测、空间组合、空间想象和比较推理等方面的能力和经验。这些都是在

其他活动中幼儿较少接触和体验的,也是这个活动的价值意义所在。

从活动设计上来看,它还是比较适切的,对于大班幼儿来说,也有相当的挑战性。教师通过分析幼儿的思维特点,将重叠现象转换为幼儿感兴趣的内容,并让幼儿通过动手操作,体验图形重叠的乐趣。这种将复杂的数学现象转换为幼儿能够接受的东西,并通过操作环节让幼儿来获得经验的设计,是本次活动在设计上的第一个特点和优点。

第二个特点是设计上的层次性,它是通过梯度性的活动安排体现的。在活动中,教师首先用两个图形的重叠现象来吸引幼儿的注意,让幼儿关注图形重叠后形状的变化。接下来,教师又对幼儿提出了更高的要求,即在重叠时要关注图形的颜色和大小。再者,图形的方向也被纳入需要关注的因素中。在最后一个环节中,幼儿需要整合与运用之前的活动中所获得的有关形状、颜色、大小、方向的经验,还要运用有关方位的经验。这也就体现了活动的梯度性分布,它引导着幼儿不断整合新经验,并将它们用于观察、判断和推理中,以此来获得一种更新的经验。

最终呈现的这一版教案,其实是经过多次修改之后的版本,因此显得更为合理。比如,图形的呈现数量如果多达六七个,那么活动就会显得不紧凑,现在的数量是刚刚好的。同时,究竟呈现怎样的图形,其实也经过了教师反复不断的研究,考虑了影像、颜色等因素后,最终才确定下来的。最后,有了这些图形之后,如果仅仅是由教师用屏幕展示和口头语言描述的方式来呈现图形的重叠,大班幼儿的空间想象能力可能会让他们无法完全理解这些内容,因此幼儿自己动手操作的环节就显得尤为重要。在现场教师所呈现的活动,利用了游戏、多媒体、操作、合作、讨论等多种形式,让幼儿能够投入其中,获得了新的数学经验。

(吴月萍)

扫一扫,获取现场
活动视频

最佳守卫（大班）

唐汇艳

活动目标

1. 运用观察、比较、记录、统计等已有经验分析比赛结果,帮助山羊公公选择合适的守卫。

2. 感受故事内容的趣味性,对获胜者的机智勇敢、认真负责有认同感。

活动准备

PPT、幼儿人手一份操作纸。

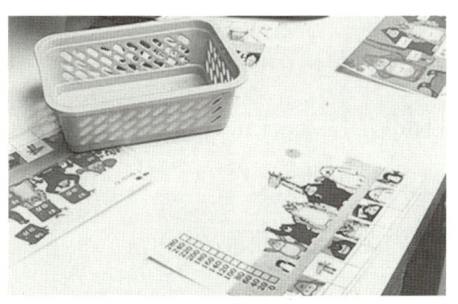

图1

活动过程

一、举办擂台赛（了解擂台赛的起源,激发幼儿参与、讨论的愿望）

1. 羊村选守卫。

（1）导入:老师带来了一个有趣的故事,故事发生在森林里。在森林中,山上的狼越来越多,可羊却越来越少,这件事可急坏了羊村里的山羊公公。于是它想了一个办法,第二天就和小羊们上山贴广告,广告上写了什么?(广告词为"聘请守卫一名",教师向幼儿解释"守卫"一词的含义)

（2）小结：山上的狼越来越多，吃掉了许多小羊，所以羊村要请一名守卫，来守护小羊们。

2. 讨论选守卫的办法。

（1）提问：广告一贴出，一下子来了许多动物，来了几个？你还有什么更快的数数方法？

一一点数的方法不错，但两个两个数的办法更快一些。

（2）提问：这么多动物都来应聘这个工作，可守卫就只能聘请一名，这可怎么办？

我听明白了，就按照你说的，我们来进行一场超级擂台赛。

二、超级擂台赛（了解擂台赛的规则，运用观察、比较、记录等方式学做小裁判）

1. 擂台赛的项目与规则。

提问：擂台赛有哪些比赛项目呢？（举重比赛、跑步比赛、身高比赛、接盘比赛）

提问：这些比赛的获胜标准是什么，有什么地方看不懂的吗？

（1）举重比赛：举起50公斤以上获胜。

（2）跑步比赛：10分钟以内跑完全程获胜。

（3）身高比赛：身高超过100厘米获胜。

（4）接盘比赛：接住飞盘获胜。

提问：这里有个问题，什么是10分钟以内？ 10分钟以内是几分钟呢？

1—10分钟都是10分钟以内。

2. 学做小裁判。

（1）提问：这么多项目，山羊公公忙不过来，你们来帮帮忙，好吗？

（2）要求：每人选择自己喜欢的比赛项目，把比赛的结果记录在记录纸上。

三、擂台赛冠军（运用已有的经验分析统计擂台赛比赛结果，选择合适的守卫）

1.交流比赛结果。

提问：你们来说说我们先看哪个比赛项目呢？请你们派个代表来说一下比赛结果吧。

（1）举重比赛。

提问：举重比赛的要求还记得吗，谁获得了举重比赛的胜利？（PPT验证）

我们告诉山羊公公，让他快快记下来。

（2）跑步比赛。

提问：10分钟以内跑完的动物有哪些？让我们也快告诉山羊公公。（PPT验证）

（3）身高比赛。

提问：身高比赛的获胜标准是什么，看看裁判是怎么看出来的呢？（PPT验证）

原来下次碰到比高矮、比长短，但又看不清的时候，可以运用辅助工具来帮助我们比较。真是个不错的好办法，谢谢你们。

（4）接盘比赛。

提问：接盘的获胜标准是什么？这些盘子都重叠在一起，你们是怎么数出来的？（与幼儿共同讨论，并一起数数盘子的数量，用PPT验证）

你们真厉害，可以数盘子的边缘，还可以数盘子与盘子间凹进去的地方。以后碰到叠得紧紧的东西，要找一个数得清楚的地方数。

（过渡）四场比赛都获胜的动物才能当守卫。（PPT验证）

2.选择合适的守卫。

提问：比赛结束了，有三个动物在四个项目上都获胜了，可羊村只聘请一名守卫。山羊公公想了个好办法，让他们带小羊们上山，请你们来给这三个应聘守卫的动物投票，并说明理由。

 小结

山羊公公要请的守卫不仅要反应灵敏、外表高大、力大无比，更重要的一点是：要忠于自己的工作，有强烈的责任感，能够保护好羊群。这样的守卫才是一名优秀的羊村守卫。谢谢小裁判为山羊公公找到了合适的守卫，相信小羊们在小狗守卫的保护下一定能安全、快乐地生活在森林里。

 **想一想**

1. 在活动中应当怎样把每个比赛项目及其对应标准呈现给幼儿？
2. 为什么在最后一个环节中，要和幼儿一同讨论接盘比赛的统计方式？

活动反思

大班幼儿都有一定的竞争意识，所以他们对比赛是十分感兴趣的。但是班级中的比赛。幼儿更多的是参赛者，本次活动让幼儿来体验裁判的角色，对他们来说是一个很大的挑战。这一活动需要考验幼儿的观察能力、推理判断能力、记录统计能力、分析比较能力，让他们运用这些能力帮助羊村选择最佳守卫。

因此，这一活动基于《最佳守卫》这个故事，引导幼儿利用观察、统计、比较等已有经验统计比赛结果，帮助羊村选择合适的守卫。

图2　　　　　　　　　　　　　图3

活动评析

《最佳守卫》是大家很熟悉的一个故事，这一活动正是在这一故事的基础上，挖掘了其中的数学元素，在引导幼儿在运用数学思维了解故事的同时，解决故事人物提出的问题。活动的目的在于渗透比较、统计等数学思维，帮助幼儿理解一些简单的数学单位，引导幼儿运用数学语言对生活中的物品进行描述。

当利用故事来开展数学活动的时候，要让故事为活动服务，要利用故事的情境。在这个过程中，教师就要对选材做很多处理，使得其情节更能突出重点，并符合活动目标和内容结构之间的关系。这种所谓处理，就是对原有的素材进行合理的充实、重新的组织、科学的安排。这样能够更加尊重幼儿当前的水平，使活动对幼儿来说更具有挑战性。

在这个活动的执教过程中，还有以下两点需要教师更加注意。

第一，各项比赛项目的选择和呈现。一些教师会让幼儿花大量的时间猜测前面的项目标准和后面的统计方法，这样其实并不好。用图示的方式来展现标准，可以减少无关干扰，同时也向幼儿明确了活动的要求。另外，原本的故事中包含了很多的比赛项目，如果全部在一次活动中呈现给幼儿，会显得太过饱满，也不一定完全契合幼儿的发展水平，因此需要根据幼儿的经验和活动的时间对比赛的项目进行适当的筛选。

第二，各部分教学内容的详略问题。在导入部分，教师可以适当缩减内容，且很多与后续有关的内容，也可以省去猜想的过程，直接呈现给幼儿，把讨论放在后续的环节中。在分组操作环节，教师可以适当缩减幼儿动手操作的项目，将时间分配给分组之后的交流，让幼儿可以就一组项目进行集体讨论。比如在这一教案中，接盘就是最后集体讨论的项目，它旨在引导大班幼儿利用数数的经验来解决盘子叠放的数量问题，鼓励幼儿采用逢双数的方式。如果放在个别活动中，幼儿可能不愿意用这种数数方式，而集体讨论就提供了一个很好的机会，让幼儿能够对此进行感受，并尝试运用。也就是说，在教法上，除了要让幼儿有个别化操作和学习的机会，也要将一些数学经验在集体讨论中渗透给幼儿。

（吴月萍）

扫一扫，获取现场
活动视频

另眼看数学

吴月萍

随着幼儿园课程改革的不断深入,学前教育在理念、课程、形式等方面发生了许多变化,取得了很大进步。但从教学实践效果和教师培训质量看,还存在不少影响教师专业发展的问题,尤其是在数学领域的评价和指导方面。如在活动中,如何对数学经验水平进行到位的观察和准确的判断? 又如,如何有效设计、科学指导数学活动? 再如,如何摆脱教学时数学知识明线易抓、数学素养培养暗线难辨的现象? 还如,数学教育的本质特征如何得以体现? 诸如此类的问题,教师经常难以作出准确判断,这不仅影响了教学的效益,还制约了幼儿数学素养的形成。在许多国家都把核心素养视为课程设计的"DNA"的背景下,人们认识到:每个领域课程都承担着幼儿核心素养的培养责任,不同领域对幼儿核心素养都有独特的贡献。因此,我们不妨换一个新视角,即在日常数学教学活动实施的同时,有意识地看到内容之中蕴含的数学思想方法,并有应用数学去分析、解决问题的自信和能力。

一、追溯数学教育问题的根源:教师数学素养的缺失

《幼儿园教育指导纲要(试行)》(以下简称《纲要》)中指出,在幼儿数学教育中,要注重培养幼儿的数学意识,发展幼儿的思维结构,以及要将幼儿的数学学习与实际生活紧密联系。在实践中,教师能否有效执行,与其自身的数学素养密切相关。

所谓数学素养,就是人们通过数学教育以及个体自身的实践活动和认识活动所获得的数学知识和数学能力,建立的数学情感,形成的数学观念和意识的综合。通俗地说,就是教师个体在解决数学问题或从事与数学相关的教学与研究中,所体现出的清晰的逻辑条理、严谨的思维模式和有理有据解决问题的方法与能力。同时,教师要能在数学教育中引发幼儿的数学学习兴趣,使其感知和体会有些事物可以用数来描述,感受初浅的数学思想和方法,尝试运用数学方法来解决生活中的许多问题,即培养幼儿的数学素养,提高其整体素质。

实际上，教师的数学素养，就是教师在积累数学经验的基础上，生成并外显出的可用于指导幼儿进行数学游戏活动的一种整体性行为和思想特征。其中，数学思想和方法是数学的灵魂，掌握数学思想和方法是对教师的基本要求，因此我们要加强对一些典型的数学思想和方法的学习。

但由于幼儿教师大多没有理科背景，甚至有部分教师来自非学前教育专业，因而他们的数学素养相对偏低，数学思想和方法缺失严重。如果教师不能很好把握数学的本质，则会致使数学教育中存在较多无效、低效的现象，影响幼儿园教育的质量。

（一）"学习故事"中现象识别困难，过程性评价的价值失效

"学习故事"是近年来开始应用于幼教实践的一种过程性评价的方法，它试图通过对幼儿在真实情境中的行为进行聚焦式观察、连续性描述，展示幼儿学习过程与情境的多方面联系，理解幼儿的学习与发展状况。它包括：

（1）注意——发生了什么？即观察和记录幼儿的实际行为和情境。

（2）识别——学习了什么？即解读评价幼儿的学习行为，如：分析幼儿通过此时的活动学习到了什么概念？发展水平如何？解决了什么问题？遇到了什么困难？（当然它不仅可分析儿童数学学习活动的内容和表现，还可分析他们的学习兴趣，学习品质，与同伴、材料的互动状况，以及分析教师对幼儿的关注、理解、互动和回应策略等。）

（3）回应——下一步怎么做？即下一步的教育指导计划，以支持鼓励幼儿兴趣、能力、品质的发展。

在这三个环节中，"识别"是困扰教师的最大难点，这一环节若做不好，"回应"的效果就可想而知了。许多教师说："我知道观察很重要，但看什么呢？如何准确判断呢？幼儿阶段应当习得的数学经验如此丰富，应如何准确解读和评价幼儿的发展水平和需要？"可见，教师数学素养的缺失，就会成为该过程性评价的绊脚石。

例：教师数学素养在"学习故事"中的体现。

表1　幼儿园幼儿观察记录——辰辰

观察对象班级：中班 观察时间：03/27 观察者：吴江幼儿园　吴老师	观察内容：个别学习活动——七巧板游戏 观察地点：中一班教室
3月27日 　今天辰辰第一个来到幼儿园，老师建议他去玩七巧板游戏。听了老师的建议后，他拿出玩具开始玩。游戏材料投放了一个月，但是今天是他第一次来玩。在游戏的过程中，他出现了以下一些情况。	

图片说明：

图1 　　　　　　 图2 　　　　　　 图3

图1—图3：辰辰顺利通过了第1关，正在进行第2关的图形拼搭。他一边拼一边说："第二关有点难了，我先把简单的放好。"在拼图形的时候，他从右往左拼，在放置紫色的平行四边形时发现位置不正确，最终通过旋转图形位置后，终于拼对了。

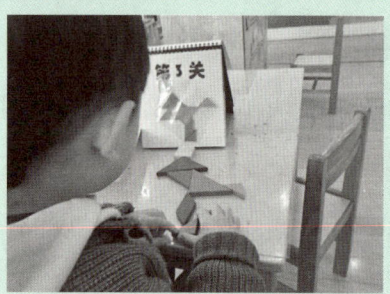 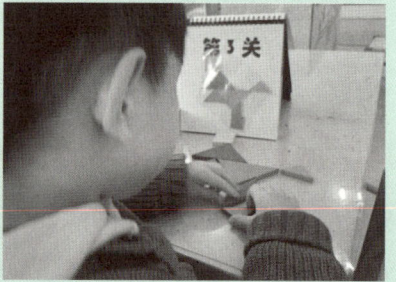

图4 　　　　　　　　　　 图5

图6 　　　　　　　　　　 图7

图4—图7：开始拼第3关了。这次辰辰还是一边说着和他在拼第2关时说的一样的话，一边从上往下拼。由于两个三角形的位置没有放对，他花了3分钟都没有拼出图形，最后在老师的帮助下（如图6所示），才把位置放正确。

图8：这是第4关了。这次遇到自己怎么也放不好的图形时，辰辰运用了老师教他的方法，顺利地完成了拼图。

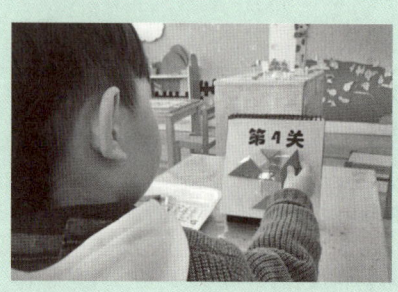

图8

图9

图10

图9—图10：在他玩到第6关的时候，女孩靓靓也加入了他的拼图游戏。他们各自拿了一套拼板，同时看着图形一起拼。辰辰的绿色图形在拼图过程中放错位置，他开始调整图形的位置，但还是有错误。而靓靓很快就完成了第6关，老师请靓靓帮助辰辰，靓靓指着绿色的图形说："他这一块放错了。"最后在靓靓的帮助下，辰辰完成了第6关。

观察分析：

通过辰辰拼七巧板可以发现，他能按照一定的顺序进行拼搭，但在图形位置的掌握中总有一些难以掌握的图形。每一关中遇到这些图形时，他总是要调整几次才能放对位置。随着图案难度的加大，图形之间的连接部分的位置也出现了错误。可以看到，辰辰显然还不能完全掌握图形的结构特征，对于各个图形在图案中的空间方位感还较弱。在老师指导后，他愿意运用老师的方法进行尝试，但还不是每一次都能很好地运用，这也因为他是第一次进行这一游戏。下个月我们会继续加强他在空间方位感方面的培养。

在这一案例中，教师注意到了幼儿在图形拼搭中遇到的问题及个体的行为表现，分析了幼儿的发展水平，判断幼儿正在进行"形状与空间"的操作学习，并敏感地意识到幼儿所遇到的问题与相关数学经验之间的关系，还思考了下一步的支持方向。

表2　幼儿学习故事记录分析——戎晓菲

幼儿姓名：戎晓菲（中班下）	日期：03/16	记录人：倪晓莺
发生了什么？（幼儿实际行为与情境描述）——注意 　早锻炼时引导孩子边拍皮球边数数，看看自己拍了几个。戎晓菲边拍边数，数到29时便停下来抱住皮球，不知后面应该是几，老师问："29后面是几啊？"她说："让我想一想。"接着又拍了起来，边拍边说："29、30……38。"到了38，再次停了下来，想了又想，接着拍"39、40、41、42。"此时，因数得慢而出现手口不一致，所以她数到42便抱起球不数了。		**近期幼儿相关信息回顾——背景** 　戎晓菲的数概念发展还是比较好的，对于20以内的手口一致点数、按数取物、按物取数都没有问题，唱数也能到100。
学习了什么？（解读幼儿的学习行为）——识别（判断和评价） 1. 在今天的活动中，孩子通过边拍皮球边数数，进一步巩固手口一致点数，从而理解数的实际意义。 2. 通过活动建立数序的概念。		

教师的关注、理解——识别（判断和评价）
1. 在今天的这个活动中，孩子需要运用已有的数数经验，数出自己拍了多少次球。要正确地数出自己拍了多少次球，不仅要有熟练的拍球技巧，还要有手口一致的协调能力，拍皮球的节奏速度更是增加了手口一致的难度。刚开始戎晓菲是做得比较好的，她能较好地把握好节奏，从而做到手口一致点数。但当她拍到40以上球数时，数数速度慢了下来，而球依旧保持原来的速度，从而出现了手口不一致的情况。拍了几个以后，她意识到不对了，就停了下来。这些都说明孩子具有手口一致点数的意识和能力。 2. 拍皮球是孩子非常喜欢的一项运动，他们也常常在拍皮球时边拍边数，比一比谁拍得多。这个活动既可以帮助孩子练习手口一致地数数，又具有一定的难度，因为边拍边数需要孩子具有熟练地拍球和数数的能力。往往孩子在边拍边数的时候，注意力都是在皮球上，为了不让皮球滚掉，就无暇顾及数数，此时的数数完全是脱口而出的，需要一定的熟练度。戎晓菲在拍球时，能手口一致地边拍边数，从1—29都非常顺利。到了"29"，她一下子无法接下去，便停了下来，想了一想后又再次接下去。到了"38"后，又再次停了下来，再想一想，又接下去。从中可以看出戎晓菲点数1—29、31—38时是非常熟练的，但在29到30、39到40的进位处还不够熟练，没有真正理解数序的排列规律，因此当她拍到"29""39"时就要停下来，需要想一想，想好了再拍。
下一步怎么做？——回应 ● 为戎晓菲提供数序排列的操作材料，引导其通过操作、观察，进一步加强对"9"的进位关系的认识，理解数序的排列规律。 ● 继续引导其在拍皮球时练习数数，教师重点关注其对"9"的进位处的认识。 ● 为其提供其他数数活动，进一步练习手口一致点数。

在这一案例中，幼儿已有一定的数数能力，并能从任意一个数接着往下数（很多幼儿受到干扰后就会重新从"1"开始数），说明她在数与词之间逐渐建立了较牢固的联系。但幼儿还不会正确进位，从9数到10时常会发生错误，更何况是在"一心二用"，即边拍边数的情况下。这也充分证明了"幼儿早期数数能力尚不稳定，有很多因素会影响幼儿的数数活动"的特点。

对此，教师在回应中思考了针对性的指导计划，如：提供数序排列的操作材料，帮助其理解"9"的进位关系和数序的排列规律；增加边拍边数的机会，增强手、眼、口、脑的协同活动。

幼儿的数数能力代表着其对数的实际意义的理解程度，也标志着幼儿数概念的初步形成。幼儿的手口一致点数实际是一种"唱数"，它使幼儿在逐一指点物体的同时有顺序地说出数字，在唱数中熟悉50或100以内数字的顺序，发现一位数与两位数的差异，感觉数到9以后发生的变化。更重要的是，这一数数方法既简单又应用广泛，它为幼儿解决许多实际问题提供了思路和工具，也让幼儿在数学无处不在的日常环境中，产生了用数学手段帮助自己更好游戏、学习的意识和能力。

（二）《指南》中数学认知领域有关数、量、形的目标易执行，但有关思维和态度的长期目标不易落实

《指南》基于人类自然科学发展的历程和幼儿认识客观世界的特点，将相互联系而又相对独立的科学探究和数学认知归为"科学领域"。其中幼儿基于对自然环境中事物和现象的认识,进一步形成的对其逻辑关系的理解,称为"数学认知"。它要求幼儿在感知具体事物的基础上,初步尝试归类、排序、判断、推理,逐步发展逻辑思维能力,为其他领域的深入学习奠定基础。同时,教师要学会发现问题、分析问题和解决问题,从而帮助幼儿不断积累经验,并将经验运用于新的学习活动,形成受益终身的学习态度和能力。《指南》中关于"数学认知"的目标如下,此处仅例举目标1的具体目标。

目标1:初步感知生活中数学的有用和有趣。

表3 《指南》数学认知领域目标1具体目标

3—4岁	4—5岁	5—6岁
1. 感知和发现周围物体的形状是多种多样的,对不同的形状感兴趣。 2. 体验和发现生活中很多地方都用到数。	1. 在指导下,感知和体会有些事物可以用形状来描述。 2. 在指导下,感知和体会有些事物可以用数来描述,对环境中各种数字的含义有进一步探究的兴趣。	1. 能发现事物简单的排列规律,并尝试创造新的排列规律。 2. 能发现生活中许多问题都可以用数学的方法来解决,体验解决问题的乐趣。

目标2:感知和理解数、量及数量关系。

目标3:感知形状与空间关系。

在本领域提出三个目标中,第二个是有关数、量及数量关系,第三个涉及形状和空间,这两个目标是幼儿早期数学学习的核心内容和重要的知识技能。目标呈现清晰明确,教师容易理解和执行。第一个目标则与数学的感知、体验和态度有关,它将"初步感知生活中数学的有用和有趣"作为"数学认知"首要的前提性和方向性的目标,充分考虑了幼儿数学认知的特点和具有终身意义与价值的目标追求。这一目标旨在让幼儿喜欢数学,愿意学习数学,并具有运用数学解决实际问题的意识和能力,这也是幼儿数学认知的核心价值所在。但是在现实中,教师虽明确知道数学对幼儿存在的价值,操作中却往往犯难。

(1) 如何引导幼儿用数学经验来解决生活问题?又应该用哪些数学经验去解决?

(2) 如何组织幼儿感知和体验用数来描述事物?又是否都是用点数、计数来表示?

(3) 在数、量、形等具体内容的学习过程中,如何体现数学能力和数学方法的光芒?

在实践中,教师不具备将《指南》的正确理念真正转化为教学实践的能力,这与数学教育中存在的重明轻暗,以及保证知识技能、忽略思想方法渗透的现象有关。

例："整理书包"活动的意义是什么？

有人认为"整理书包"活动根本没有开展的必要，孩子上学自然就会看课程表、整理书包。

现代数学教育论认为：数学知识本身是非常重要的，但是对学生后续的学习、生活和工作长期起作用，并使其终身受益的是数学思想和方法。研究证明，思想和方法一旦形成就很难改变，它会成为个体今后处理事情的思维定势。

数学知识是教不完的，我们能做的是在教学中潜移默化地开展思维能力的培养。因此，在"整理书包"这一活动中，培养幼儿有序的思维方式十分重要。

有序的思维方式就是办任何事情，总需有一定的方法，从计划到操作，先做什么、后做什么，包含一定的顺序与步骤，习惯上称之为次序，而蕴含次序的思维方式就是有序的思维方式。我们常常发现一部分孩子在思考问题时没有一定的顺序或表达得很凌乱。年幼的儿童，思维非常活跃，但他们年龄小，好奇心重，头脑里的思维活动杂、乱、野，是无序的，会出现很多重复、遗漏。这就是幼儿缺乏有序思维的表现。

又例如，很多幼儿在"编不一样车牌"时想出的方法都是零零散散的，很少把几种方法都讲全。其实，要做到"穷尽排列组合，不重复、漏掉"，恰恰需要有序思维的帮助。

要培养幼儿有序地做好每一件事的习惯，可从教幼儿看课程表入手，让幼儿清楚明天的活动内容并自己整理书包。其他的培养方法还有：

（1）有序地看——只有有序地看才能不重复、不遗漏。例如：不规则物品的数数、统计。

（2）有序地想——例如活动"少了哪张牌"。在"4"的组成中，能有顺序地把"4"分成两部分吗？你是怎么想的？

（3）有序地说——例如活动"数图形"。包含大、中、小的图形，为什么这样数？

（4）有序地做——例如活动"贴瓷砖"。从无序地凭自己的感觉摆弄到有意识地带着问题去操作，完成三色横竖不重复的任务。在操作活动中，经过分析、综合、抽象、概括的思维活动，提高幼儿思维的有序性。

（三）集体活动价值把握失准，教学有效性失常

幼儿园数学教育的内容很粗浅，但却隐含着一些能影响个体一生的深刻的数学思想。如：从物与物的一一对应开始到数与算式再到量与量、路径与时间等对应关系，由此形成的对应思想，对理清思路、解决问题非常重要。再如：物体粗细的比较和排序活动，充分展露了幼儿的前概念特点，即无序、盲目、缺乏方法。

在现实中，有的教师习惯于在数学活动中把数学内容作为知识储备，忽视让幼儿学会用数学观点和方法去解决身边生动的实际问题；有的教师在目标制定时，对知识技能要求较明确，却忽视了研究把握数学思想方法的要求；有的教师在教学过程中，只求结论的精确性，忽视幼儿情感态度和思想方法的获得；有的教师在师幼互动中，习惯性地主导和控制，急于下结论，忽视了对幼儿创造性思维、多角度思考的引导；有的教师在教学内容设计中，数数所占的比重较高，忽视了早期数学学习和发展的丰富内容和内涵。

教师的专业能力是教学成败的关键，而专业素养就是内功，如果只是一味追求一些漂亮奇异的教学方法，而漠视自身的教学素养的提升，那么上课的次数与"奠定良好素质基础"的目标之间会越来越远。

例1：怎么也翻不到15页的情况。

幼儿数数和认数极快，但这不代表其就具有数学能力。数学能力主要包括数感、符号感、空间观念以及初步的应用能力和推理能力等。其中，数感体现的是应用数字和量化方法作为交流、加工、解释信息的倾向和能力。我们期待幼儿能将现实生活中遇到的问题与恰当的数字呈现之间形成联系，其目的在于提高幼儿的数学素养，帮助幼儿学会用数学的思维认识世界和解决生活、游戏中的问题。

在阅读活动中，大家准备仔细看看第15页的内容，但总有一部分幼儿怎么也翻不到这一页。尽管他们可以唱数到几百，也上过相邻数这一课，但根本不会应用数序、数列的经验来思考：第15页可能在什么位置？ 15的相邻数是哪两个数？排在前面的比它小1的是几？后面大1的又是几？除了一页页翻至15页的方法外，怎么样才能翻得更快？出现这一问题的原因在于我们只教了所谓的相邻数，记忆了3前面是2，3后面是4，却疏于引导幼儿去发现相邻数之间差1的等差关系及相对关系、数字间的顺序关系和序列间的传递关系，而这些正是有助于幼儿理解数列，并了解具体事物中有序列这一逻辑观念的体现。从这个例子中可以看到，数学素养只有多与实际问题相联系才会体现出来。

要解决此类问题，可结合阅读活动、排队环节、按学号完成任务等日常活动，侧重于解决数序问题，使幼儿了解每个自然数在数列中的位置，以及与相邻数之间的大小关系。特别要注意不能将数字割裂成3个一组，而是要放在自然数列中。

例2：编出不一样的车牌号，为何总是搞不懂？

在大班"通畅的路"主题中，有一个"不一样的车牌"的数学活动，目的是依据幼儿对车辆及车牌的关注，引发幼儿"对一组数字出现不同的排列组合的现象感兴趣，探索给出不同的排列组合的方法"。在实际教学过程中，当幼儿在探索、讨论三个数不同的排列组合时，许多教师表现出了十分强烈的结果意识,直接演示并急于下结论道:"第一个数字不变,就交换后面两个数。"

当排4个数的车牌时,又出现的问题是:

(1)教师没有引导幼儿迁移3个数的排列经验,因此幼儿会产生疑惑,导致思维混乱,不明白"后2个数怎么变""后3个数怎么变"等问题。

(2)教师不善于倾听幼儿的疑惑,自顾自地梳理所谓的方法。同时,教师漠视幼儿反应,压缩了幼儿尝试发现数字排列组合小秘密的过程。

要解决此类问题,可先玩"贴瓷砖"(三色三排,要求横竖不重色),使幼儿先大胆试误,再开始有条理排列,最后发现不重复排列的组合方法,为车牌设计积累至关重要的经验。

排列组合在生活中应用广泛,如衣服搭配、捉对比赛、彩票号等,其学习价值在于培养幼儿有顺序、全面思考问题的意识。虽然活动目的是在操作中找出事物最简单的排列规律和组合方法,但我们更在乎带领幼儿经历探索简单事物排列与组合规律的过程,希望能使幼儿感受数学与生活的联系,用数学方法解决问题并简单表达解决问题的大致过程和结果。更重要的是,让幼儿思维的条理性得到提升。

二、应对数学教育现状的诉求:教师数学素养的提升

课改的不断深入对教师的素养提出了更高的要求,《指南》提出的科学的幼儿数学学习与发展观,对教师提出了挑战。

数学素养是一种能力,更是一种品质。教育专家认为,一个人在现实生活中能拥有应用数学的自信和技能,就称为有数学素养。这就要求当下的学习者既能掌握适应未来社会挑战的数学技能,又需要学会分析、推理,更能在各种情境中,借助提出问题、分析解决问题来有效地传递自己的观点。面对时代对人的要求和当下存在的问题,教师专业发展面临着严峻的考验,教师只有不断提高自身的数学素养,才能在幼儿园数学活动指导中游刃有余,并支持幼儿的终身发展。

(一)理解"学习故事"的意图,锻炼幼儿的学习肌肉,增强幼儿的学习力量

(1)走近"学习故事",认识其学习评价的焦点所在。

为促进幼儿学习评价发展而兴起的"学习故事",被认为可以使有价值的学习状态和过程直观可见,且能促进和支持学习共同体(幼儿、教师、家庭等)持续和多元地发展。过程性

评价的特点要求我们留意和观察幼儿的学习，尽力去识别和理解他们的行为，然后利用信息来回应幼儿的学习。这一过程中必然会涉及有依据地观察和理解幼儿的学习、判断他们的学习状态、反思教育实践行为、制定进一步的教育计划等内容。

面对幼儿的学习这样一个知识建构的复杂过程，其观察识别的焦点是多元的，主要包括：领域知识、兴趣热情、心智倾向、关键能力、学习能力。

在实践中，对广大幼儿教师来说，最艰巨的挑战是如何适当地评价幼儿。在"学习故事"中，幼儿的兴趣和行为是逻辑的起点，教师的识别与回应是在对幼儿学习兴趣和发展准确了解的基础上的进一步支持与提升。正确地理解、智慧地回应是促使幼儿发生有意义学习，增强其学习能力的最有力的举措。

例1："投骰子占地盘"中发生了怎样的学习？

现状：

现实中，教师经常结合主题开展模式排序的活动，并精心设置层次化的排序方法（看样学样排、接着排、材料替换排、填空等），以期望幼儿掌握这种不断重复出现并隐含发展趋向的关系概念。但这些活动有着不少问题，如：① 幼儿不会选择符合自己水平的材料；② 以被动模仿、机械操作为主；③ 玩过一次后再无继续自我挑战的兴趣。

识别：

大班幼儿已有一定的模式排序的经验，但学习过程被动，情境中的应用意识薄弱，甚至缺乏兴趣。

可玩性设计：

当模式排序以"投骰子占地盘"游戏出现时，幼儿产生了认知冲突，主动性被激发出来，小聪明也被"逼"了出来。如：幼儿各自选择一条格状小路，都从中心点出发，根据投出的骰子内容逐步排出符合自己能力水平的规律，比如"花、草、蝴蝶"或"花、树、草、蝴蝶"等模式，以先有规律排满自家小路为胜。开始时，幼儿的主动性都不强，按部就班，等待自己需要的内容，发现不能紧接的内容就懊恼地放弃。渐渐地，他们从一次次失败的境遇中领悟到，根本不必放弃，只要抓住每一次机会就可以胜利。他们尝试着超越定势，看见投出一个暂时还没轮到的图案，就依据模式进行推理，先占后面的空格，等有机会再审视模式排列的空缺，把需要的补齐，只要不打乱规律，就有可能取得先机。这个过程中，教师没有做很多样卡，不用盯着看幼儿学了没有。相反地，幼儿为了能最快地占地为王，不经意间探索了模式识别、模式描述、模式延续、模式创造、模式填空等不同层级的按规律排序，发展了思维的变通性和灵活性。

这一活动充分发挥了幼儿的自主性和创造性，打破了一味按步骤模仿的现象，鼓励他们依从内在兴趣和游戏需求出发智慧地创造出解决问题的不同方法。对幼儿来说，这一游戏能满足他们的奇思妙想，使他们在一定程度上超越规则，带来小小的冒险快感。我们要允许幼儿按照自己内在的指引探索和验证自己的想法。实践证明，自然的学习模式比人为传授的学习模式更有利于幼儿的发展。

例2："动物棋"中发生了什么学习？

识别：

棋类游戏和主题结合是常见的操作形式。如在"动物"主题的实施中，常要运用走棋规则和动物经验开展"动物棋"活动。大班幼儿已不满足于"比大小"吃子、按路径走棋的套路。那么，如何让幼儿能持续地尝试和挑战自我呢？

可玩性设计：

我们发现许多幼儿热衷于"大富翁"游戏。于是教师模仿"大富翁"游戏自制了可不断置换动物的"动物棋"，最终谁能赢得数量更多的大动物就算获胜。具体规则要求幼儿累积走棋过程中得到的小动物，达到规定量后就能换取更大的动物。如：2兔=1狗，2狗=1羊，3羊=1猪，3猪=1马……因为每一次成果的兑换，既是前一轮的胜绩，又是新一轮的开始，所以幼儿在如此的"等量代换"游戏中，不知疲倦地走棋、比较、换算，再走棋、比较、换算，以赢取更大的成功。

在该游戏的设计中，教师让"用一种量代替和它相等量"的数学基本思想方法巧妙隐身于"动物棋"游戏之中。当活动能让人体验到快乐，并且是活动本身能给幼儿带来满足时，幼儿感受到的是"自主"，而非"控制"。因此，他们就会为快乐而行动，其内在的学习动机也得以激发、维持和增强。

（2）塑造教师的成长型思维模式，强大幼儿的学习肌肉。

小时候读过的《纪昌学箭》的故事告诉我们：要成为神射手，关键并不在于站在靶子前傻练万箭，而是在于在盯看织布机的过程中练就"眼力""专注力"及"定力"。只要这些能力具备了，射箭就不是一件很困难的事情。

我们在学习的过程中，要思考到底什么东西才是基本功，什么能力才是和知识的获取普遍相关的。只有找到这样的东西，才能够真正促进学习。

之前我们习惯于关注幼儿什么知识没学好，哪些本领还要练。而成长型的思维模式和视角引领着我们从幼儿的问题中发现他们的已有经验和学习能力,并相信其会更好。固定型思维让人容易满足,经常试图规避一些困难,而成长型思维使人变得有能力、想学习、会承担。我们要努力创造各类问题情境,捕捉幼儿的日常表现和问题,从幼儿建构的自己的儿童理论中,从他们发表的自己对世界的认识和看法中,去看看他们是如何运用已有的经验来解释未知的事情的。在此基础上,我们可以顺着这些发现去支持幼儿的发展。

例1:两团相同重量的橡皮泥分别捏成大象和老鼠,它们一样重吗?

在这一问题上,从幼儿的各种回答和理由中,可发现幼儿前期有对大象和老鼠的体形、大小的比较经验,也有量的多少的经验和体形大小的经验。在本例的问题中,虽然幼儿注意到了不同维度,却不能同时考虑这些维度,这让他们在心理上感到困惑。所以皮亚杰认为:处于前运算阶段的幼儿往往用知觉而不是逻辑的解决方法,因思维的片面性和缺乏可逆性而无法达到守恒。但我们可顺着幼儿的问题,通过倒过来倒过去的"玩水游戏"(感受容量守恒)、拆拼图形的"图形拼拼乐"(体验面积守恒)、"大小橘子比多少"(体会数量的守恒),以及"捏玩橡皮泥"(发现重量的守恒)等活动,积累与守恒相关的经验,因为幼儿每当理解其中一个守恒关系,就标志着其认识提高了一个层次。

例2:幼儿真正理解序数吗?

数字都有两种不同的形式,即基数和序数形式。中班幼儿在感知量的精确性上有了很大提高,他们能用数字表示物体的数量,理解10以内数字代表的基数意义;理解数字代表的序数意义(数字在计数顺序中的位置)。因此,中班幼儿对指出物体的顺序一般不会感到困难。有些教师设计了坐火车、乘公交车、排队等游戏,看到幼儿正确的排列,很是得意。但这并不代表幼儿真正理解了序数,一旦遇到基数与序数发生联系的时候,幼儿就会困惑。

例如,当要求给标号为3—7的动物排队时,就有幼儿大叫:"老师,没有1,怎么排?"在幼儿看来"第一个"只能给数量"1"使用,这恰恰是幼儿对序数意义不理解的表现,因此要帮助幼儿理解基数与序数之间的关系。

我们要为幼儿提供更多发现、试误、交流的机会,如果幼儿容忍、经历学习中不确定因素的能力越强,他们就会越大胆、越主动,学得越快,他们的学习肌肉的力量就会越强大。这样更符合幼儿的成长需要,也将会让他们在未来漫长的学习过程中受益。

(二)解读《纲要》《指南》精神内涵,渗透数学思想和方法,培养幼儿的数学思维能力

(1)重点理解《指南》的目标1,体会其前提性和方向性。

《指南》中有关数学认知的第一个目标就是"初步感知生活中数学的有用和有趣",尽管与数学内容有联系,但它最终并没有落实到数学的内容上,而是体现了对数学的态度以及对数学学习过程性能力方面的期望。其重点为:① 发现数学与日常生活之间的联系;② 在生活中利用数学解决生活问题;③ 强调感性经验和兴趣在数学学习中的重要性。

这一切的提示,进一步强调了幼儿数学学习不是形式机械、纯粹知识性的传授,而是要依据幼儿的认知发展水平,突显数学对幼儿成长的特殊功能,引导幼儿经历"数学化"解决问题的过程,以真正培养幼儿的数学学习兴趣,活跃发展其数学思维,增强其运用数学方法解决问题的意识和能力,促进其数学素养的提高,将《指南》目标落到实处。从幼儿的角度来讲,数学知识本身是重要的,但它并不是唯一的。真正对幼儿以后学习、生活、工作长期起作用,并使其终身受益的是思想和方法。

我们每个人都经受了十多年的教育,也学了十几年的数学。然而在许多人的心目中,数学无非就是计算、数数以及简单的加减运算。2002年8月,在北京召开的世界数学家大会上,我国著名数学家陈省身先生对记者说:"我们每人一生中都接受了十几年数学教育,然而很多人却只是学会了计算,而没有理解什么是真正的数学。数学究竟是什么?"

简单地说,数学是一种"数学化"的思维方式。数学的魅力不仅仅在于它的精确计算,而在于它是一种思维的方式。它把具体问题上升为抽象的数学问题再通过解决抽象的数学问题,将其运用到具体的问题解决中,这个过程也被称为"数学建模"。因此有人提出,数学思维就是一种模式化的思维方式,数学就是关于"模式"的科学。

幼儿学习数学,其意义绝不在于简单的数数和计算,他们所获取的数学知识是有限的,但数学对幼儿思维方式的训练却是其他任何学习所不具备的。由于数学本身就是抽象的过程,学习数学实质上就是学习思维,特别是学习抽象的、逻辑性的思维方式。同时,数学还能够培养幼儿解决问题的能力。

例1:层级分类与数组成。

层级分类是理解数组成的基础,更重要的是,这种层级关系图可以运用于各种事物与它们种群之间的关系(见图11),而任意一个数的分合关系(见图12)或其所呈现的分类层级都扎根于世界物种种群层次关系之中。

例2:"最佳守卫"的活动目的。

该活动看似是运用已有经验对数字大小、时间快慢等进行比较,实则是运用故事中的数学元素,引导幼儿用数学思想和方法解决故事中的问题,从而帮助幼儿增强对故事内容的理解。

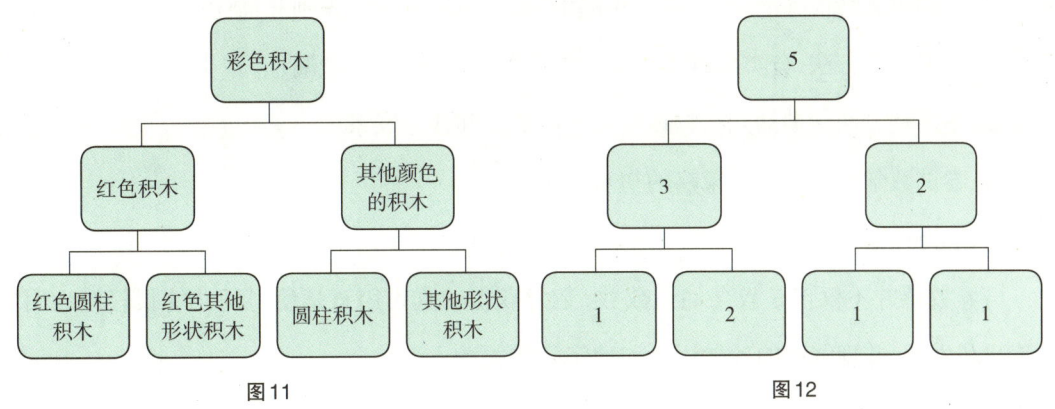

图11　　　　　　　　　　　　　　图12

（2）关注数学活动中蕴含着的数学思想和方法，促使其转化为幼儿的数学素养。

当今世界各国都非常重视数学教育，尤其重视数学思想和方法的教学。因为数学知识是定型的、静态的，而数学思想和方法是发展的、动态的；知识的记忆是暂时的，而思想和方法的掌握是永久的；知识只能受益一时，而思想和方法将受益终身。

数学思想和方法是数学的精髓，是数学教育目标和本质的最终体现，是一个人数学素养的重要内涵之一，也是培养良好思维品质的催化剂。重视思想和方法的引领与渗透，是数学教育十分重要的任务，也是优化课堂教学、完善幼儿认知模式、提升幼儿数学素养的重要途径。

在实际操作中，数学思想和方法是以具体数学内容为载体，但又高于数学内容的一种思想和普遍适用的方法。思想和方法是数学教育的隐性知识系统。数学概念知识都是明显有形的，而思想和方法却隐含在数学知识体系里，是无形的，并且不成体系地散见于各教学内容之中，教师能不能把握、实施与否、讲多讲少的随意性较大，因而常被忽略不计。那么，如类比思想、符号思想、统计思想、一一对应思想等，应当如何体现于我们平时的数活动中呢？

例1："方脸和圆脸""毛毛虫的鞋"中的分类思想。

分类思想是以关系的思想为基础的，幼儿用很多方式分类，将事物相互联系起来。分类思想对促进幼儿形成初步的逻辑思维能力，培养思维的变通性、灵活性十分有益。分类思想既是幼儿逻辑概念的基础，也是数学概念发展的基础。分类按难度不同分为单维分类、多维分类等。通过对物体进行属性分类，可培养幼儿的辨别能力和归类能力，发展初步的概括能力。此类活动中我们需要注意的是：

① 冷静、理性面对复杂分类对象，积极思考；

② 区别对象特征,感受生活中各物品的形状特征,并尝试识别和描述;

③ 学习分类方法,分类标准统一、科学,分类时不重复、不遗漏;

④ 用多种方法帮助幼儿在物体与几何图形之间建立联系;

⑤ 尝试数学思维方式与策略的初步获得。

例2:为什么培养数感?

培养数感并不仅仅是教会幼儿数数,数感获得的真正用意是使得幼儿能很轻松地用数字游戏和生活,并理解数的各种用途和数字间的关系。

例3:数的组成仅仅是记住有几种分法吗?

幼儿学习掌握数的组成使数群概念得以发展,这是进一步理解数之间关系的标志,也可为幼儿学习加减运算打下基础。掌握数的组成,从本质上说是从整体与部分的关系上来把握数的结构,使幼儿从整体与部分的关系上理解数与数之间的关系。这不仅能够使他们加深对数概念的理解,其思维能力也可得到发展。所以,我们会让幼儿通过自身的探索、操作活动获取有关数的组成经验,并引导幼儿用所学的数学知识去解决生活中的实际问题,使学与用结合起来。

(三)把握数学活动的价值目标,超越知识内容表象,落实幼儿长期发展目标

(1)透过数学学习内容,把握数学思想和方法。

幼儿早期数学学习和发展是指他们在与周围环境的互动中自发地,或在成人的引导下有意地习得数的知识、技能,发展数学能力的过程。它强调幼儿对周围环境中的数学问题的关注和兴趣,强调在日常生活中通过感知、体验和操作活动理解数的抽象关系,并在解决问题的过程中运用所学的数学知识,逐步发展逻辑思维能力,提高思维素质。

数学知识技能的确很重要,但它更应体现出的是一种解决问题的工具的角色,是一种思维方式和能力。在我们的日常数学教育中,较多呈现和执行的是数学领域的具体知识内容,而数学思想和方法是隐含在知识内容中的,它是增强幼儿数学能力、培养良好思维素质的关键。因此我们在教学中,要精心设计教学过程,除了学习具体的数学知识外,还应发觉其中的方法论元素。在数学教育中挖掘蕴含在其中的数学思想和方法,进一步彰显出课堂教学的智慧,体现解决问题的思路、方法和能力,可以提高幼儿的数学素养和思维能力,并对他们以后的学习、生活产生有益的影响。

例1:符号思想方法的参与。

把客观现实中的事物和现象以及他们之间的相互关系抽象概括为数学符号和公式,以符号的浓缩形式来表达大量的信息,把复杂的语言文字叙述用简洁明了的字母公式表示,这就是符号思想方法。符号具有浓缩、简洁、明了等特点,数学能力发展需要符号思想的参与。

在"超市"游戏里,幼儿根据买卖需要自制价格标签、价目表,制作分类及多重分类的标志,这就是体现着数字符号有用性的活动。

在"有趣的统计"游戏中,幼儿可以学习用一些简单的符号统计,帮助教师统计各类糖果。幼儿可运用已有的各种数数方式,对同伴喜好的各类糖果进行分类统计,也可尝试用自己愿意的方式统计各类糖果,像是"···│││δδδ"等。幼儿可在活动中交流分享各自发明的统计符号,丰富记录经验,发现更简便的记录方法,体会创造符号的快乐(例如"× √ ○",都得到了大家的认可)。最后,师生共同建构大统计表,讨论商量如何将各人的统计信息汇总出总计结果。经历了如此过程后,幼儿在特设的问题情境中学会了用符号自由表达,不但理解了统计的意义,且对发明"数符号"充满了兴趣。

例2:数形结合的思想方法体现。

数与形是同一事物的两个方面,既相互联系,也相互转换。数形结合的思想方法融合了抽象和具体两个层面,实现了数与形优势的互补,突出了它们之间的本质联系。数形结合是非常重要的一种思想方法,在很多方面的学习中都有应用。运用这一思想,可使问题变得非常直接,更有利于问题的解决。幼儿在思考时,在形象思维的支持下,可以提高逻辑推理的有效性,更好地理解内容,快速找到解决问题的途径、方法。

例3:转化思想方法的渗透。

将有待解决或未解决的问题,转化为在已有知识的范围内可解决的问题,是解决数学问题的基本思路和途径之一,也是一种重要的数学思想方法。转化是解决数学问题时常用的思想方法,当遇到一些数量关系复杂隐蔽而难以解决的问题时,可通过转化、化难为易、化繁为简,更明了地呈现问题,使生疏的问题熟悉化、抽象的问题具体化、复杂的问题简单化,从而顺利解决问题。

在"让谁先吃好"游戏中,面对按动物的重量排序的难点问题时,应用平衡称和石块分步演示,将数量转化为重量,直观引导幼儿观察、比较与推理。

在"分花生、赢糖果、古董店"游戏中,蕴含着数的组成的概念。数的组成,指一个数可以分成几个部分,几个部分可合成一个数。学习组成是学习数概念的重要部分,它涉及到整体与部分、分与合、互补互换等数学的本质规律。这一游戏让幼儿感受一个数的多种分拆的可能,使其用数来认识和表达生活中发生的情景。但游戏中存在的问题是很多幼儿只会背不会用,多种分拆的灵活性较差。"分花生、赢糖果、古董店"活动,就是引导幼儿用所学的数学知识去解决游戏中的实际问题,使学与玩结合起来。在分配花生和糖果的过程中,幼儿初步理解总数与两个及两个以上部分数的关系,提高数学经验的应用能力和思维的灵活性。

例4:统计思想方法的应用。

统计思想方法就是在统计中,会用简单的方法收集数据,并用收集和整理的数据来解决实际问题。统计思想可使幼儿认识到条件的可变性(条件与结论的关系变化),结论的不唯一性、不确定性,事物的多样性等概念。

在统计的相关活动中,它们关注的是如何运用统计的思想方法来解决实际问题(好玩的地方、喜欢什么、爱吃的蔬菜等)。本讲中的"最佳守卫"就是这样一个活动,它要求幼儿利用统计来帮助羊村选出守卫。

(2)反思教学失误,改善教学质量。

教学是由教师发起的,旨在促进幼儿学习的师生共同活动。数学教学活动要体现数学特质和数学思想,要有数学味道,主要取决于教师的数学观点、态度和能力等素养。它要求教师将无形的数学思想贯穿于有形的数学知识之中,力求通过一些符合幼儿学习特点,且具数学思想和方法的情境,引导幼儿在问题解决中积累数学经验,提高数学认知,形成思想品质,从而凸显教学的有效性。

首先,要重视设计和架构递进式的学习阶梯。

例1:"送动物回家"的活动。

目标:在理解5以内序数的基础上,学习使用序数"第1、第2……第6"表示排列的顺序,并根据序数找到相应的房间。

学习难点:用"第几层第几间"表示房间的排列顺序。序数是有方向性的,它要求幼儿能从不同方向理解数字在计数顺序中的位置。

教学问题:教师急于通过教、记忆,重复操练,机械教授序数的方向性。

解决路径:从房间数到楼层数先进行认知,再学习整合楼层数和房间数;从单一方向序列到多向序列进行学习。

① 确定动物在房间序列中的位置,正确运用序数送动物回家。

② 正确表述物体排列的次序。

③ 提升思维的准确性和灵活性。让幼儿从不同方向辨别顺序,初步了解物体排列位置因起始方向的变化而不同;使幼儿理解序数的含义,帮助幼儿用序数词正确表示10以内物

体排列的顺序；使幼儿会从不同方向（从左至右、从右至左、从上到下、从下到上）确认物体的排列次序；让幼儿明确从哪里数起，按什么方向数。

例2："数字游戏"的活动。

目标：运用已有数经验（大小比较、数序、相邻数等），尝试用逻辑推理的方法参与猜数字游戏。

学习难点：① 对每个数字在整个数序中的位置和数字区间概念的认识不清晰。② 幼儿不理解教师的提示和所要猜测的数字范围之间的关系。

教学问题：教师避开幼儿的原有经验（大小比较、数序经验尚未与实际问题建立联系）；不重视引导幼儿用数学语言讲述道理；不能搭梯引导幼儿感受自然数排列的规律（序列位置）；幼儿无法理解"大了""小了"的意思，不能判断要往哪个方向猜，也不能确定区间范围。这些问题极大地考验了教师有效引导和有力推进幼儿的比较推理发展的能力。

解决路径：

① 藏数字——猜出1—5、1—8中无序摆放的卡片，运用已有经验（记住原来的位置、逐张猜、数序等），突出"用数字排列顺序"的方法。

② 找数字——运用数字比大小的经验，根据给出的信息进行推理找数字（找"比4小的数"，是几？有几个？所以，比4小的数是排在4前面的所有数）。进而，出现" 3→?←9 "的图示，发现3—9之间的所有数字就是自己要寻找的区间范围内的数。

③ 猜数字——运用找数字的经验，根据提示等信息推理猜数字。"大了"往哪里猜？有哪些数字可猜？"小了"可往哪里猜？在哪些数字当中猜？

例3："图形拼拼乐"的活动。

学习难点：运用三角形的移动、翻转、转向来调整和拼搭出新图形。

教学问题：许多幼儿解决不了三角形的拼合，对空间概念的建构有障碍。

解决路径：从2个三角形相拼到4个三角形相拼再到12个三角形相拼。

其次，要正确把握和突破学习内容中的重难点。

例1："毛毛虫"的活动。

学习难点：学习用自然物进行测量比较，获得用自然物首尾相接进行测量的测量方法和经验，得出比较准确的测量结果。

教学问题：不能全面了解幼儿测量中易发生的问题和"坎"。

解决路径：

环节一：一根小木棒条件下的测量。活动目的在于解决工具与符号整合应用于测量中的问题。

环节二：没有任何材料下的测量。活动目的在于探索用跨步、脚印、虎口等自身条件，进行自然测量，并加以比较。

例2："哪个景点受欢迎"的活动。

学习难点：幼儿对统计表这一方式较生疏，已有的简单数据经验与统计表基本是割裂的；大多数幼儿不会用统计的方法来认识事物（事件），更不会用它来解决生活中的问题。

教学问题：对统计方法中大小表格的过渡和转换难度缺乏意识和策略。

解决路径：

① 分组记录，尝试用多种方法统计人数。选择方法，统计出喜欢每个景点的人数，按景点或人的顺序统计，不重复景点，也不重复人数，学习用简单的方法收集数据。

② 交流小组统计结果，尝试将小组结果记录进大表格。建立起个人——小组——全体的数据之间的关联，对全班数据进行二次统计。

③ 统计总数，找出喜欢人数最多的景点，分享新的统计经验。不断地操作，幼儿从比较直观的数据中很真切地感受到了运用正确的统计方法的效果，即它能很方便很准确地帮助幼儿解决问题，从而使幼儿初步感受到统计对生活的帮助。

再次，要基于学情学材分析的基础上进行策略设计。

例1："一分钟有多长"的活动。

教学重点：在体验、交流、操作中感受到时间的流逝，知道时间与人们行为的关系。

学习难点：时间是一个抽象的概念，如何有效感知时间长短，并知道珍惜它？

解决路径：

① 1分钟有多长？说说经验，体验1分钟。

② 1分钟能做什么？相同时间做不同的事情，比较结果发现事情不同用时不同；相同时间做相同的事情，比较结果发现事情相同用时也有不同。交流分享中体会同样的单位时间里，个体不同态度行为会造成不同后果，即抓紧时间做完事情。

例2："学号小人"的活动。

教学重点：在活动中发现线段与数序、数字大小等的关系，提高观察、推理能力；感受生活中的数序。

学习难点：幼儿唱数可到100，但对数字区间的概念模糊，因为他们缺乏一个较为完整的心理数轴，以及对数序的真正理解。幼儿不理解教师给出的提示和所要猜测的数字范围之间的关系。

解决路径：将幼儿学号与数序的核心价值相结合，将抽象的心理数轴以学号的形式直观展现给幼儿。在这一过程中，以生活中的箭头使幼儿关注箭头的意义，在无限变长的学号线上发现线段内存在的数字以及它们的排列规律，并运用箭头表示猜测的方向，帮助幼儿理解"大""小"的提示并显现猜测的范围（数字区间）。

最后，深刻把握数学绘本传递的数学思想。

例1："糖果店的秘密"的活动。

学习重点：尝试根据已有信息来推测事情可能发生的结果。

教学问题：有教师将活动导向了要正确估计和推测结果。

内涵体现：

① 在收集、分析数据并进行猜测的活动中，感觉不确定这一现象；通过具体的情境初步体会估计和推测这两种方法的意义；尝试用简单概率进行推测，体验"用数学解决问题"。

② 允许幼儿将各种各样的预估进行更充分的表述，明白估计和推测有多种可能，没有唯一答案，不必一味追求"猜对"结果；让幼儿知道不是什么事情的答案都是唯一的、固定的，有时有各种情况，这就蕴含了"概率与统计"的数学思想，即将相关信息进行系统分类，进行比较、分析，预测事情发生的可能性。

③ 分析预测、帮忙进货的结论不固定，回应了预估的内涵本意。即，受欢迎的糖可能要多进点，不受欢迎的糖也要进一点，因为有可能会有人想变换口味，尝尝新鲜。

④ 打破幼儿墨守成规的思维方式，知道不是什么事情都只有一个答案，而是会出现多种可能。当幼儿渐渐有了这种概念后，将来才能从容应对各种变化和不确定性。

例2："让谁先吃好呢"的活动。

学习重点：在按事物的某一特征进行排序的基础上，尝试逆向排序。

教学问题：在引导顺向排序转向逆向排序时，应体现灵活解决问题的顺逆向思维方式变得非常简单粗暴，即脱离顺向序列瞎想，或抓住一个幼儿的说法集体模仿了事。

内涵体现：

① 利用顺向排序的画面，直观看到逆向排序是怎么回事，让多向思维的过程可视化，有

利于幼儿形成多角度思考问题的思维方法。

② 观察跷跷板上不同的石头数量的图示，并对轻重进行排序。这实则是一个数量转化重量的难点，教师应通过调整原作品的难度、对低结构材料的操作记录进行比较，再提示幼儿依据跷跷板的状态与重量的关系，作比对、排除。在这一过程中，幼儿积累了物体比较、转化的经验，学习了在处理复杂的数量关系时常用的思想方法——转化思想。

《纲要》中指出，幼儿园的教育活动，是教师以多种形式有目的、有计划地引导幼儿主动活动的教育过程。在活动中，幼儿在掌握一定的知识技能的同时，获得身心发展，形成一定的思想品质，发展基础素养。学习数学更是在学习化繁为简的逻辑方法、有依据解决问题的数学思想，及严谨科学的思维模式。那么就让我们去透过知识学习背后独特的数学思想和方法，理解其内涵并有机渗透，带领幼儿真正打开数学大门，领略数学的魅力。

买 礼 物

幼儿园中有让幼儿买礼物的活动。在活动中，教师要求幼儿以小组为单位，将小组中个人和小组整体买礼物的信息填入或画入相应的表格中。

1. 请思考：如何引导幼儿从实物统计过渡到表格统计？

2. 怎样在活动延伸中，让幼儿尝试运用统计思想对现实生活中的相关信息作出一定的解释和判断？

第 二 讲

挖掘

民间游戏中的

数学元素

·导 读

此讲主要围绕利用民间游戏开展数学活动的方法和原则展开。在这一主题下通过小、中、大班的三个教学活动，展示了教师在设计与执教过程中，以幼儿熟悉的民间游戏为活动基础，提取并凝练其中的数学元素，使幼儿得以在游戏过程中习得数学经验、发展数学能力。

讨小狗（小班）

胡筱彦

活动目标

1. 尝试按照游戏规则完成相应的行为,体验共同游戏的快乐。

2. 学习5以内的数数。

活动准备

1. 经验准备:幼儿会唱《讨小狗》的儿歌,初步会玩原游戏。

2. 材料准备:音乐,挂牌(五角星、心形各6个,且挂牌上画有骨头,骨头数量在2—4个之间)。

图1

活动过程

一、复习游戏"讨小狗"

1. 强调规则:被摸到头的小狗按要求表现出相应行为,完成行为即为被找到,由教师送上挂牌礼物。

2. 教师预设小狗特征:

(1) 会摇尾巴的小狗;

(2) 会连续拍2下肚皮的小狗;

(3) 会连续叫3声的小狗;

（4）会拍4下手的小狗。

二、尝试新游戏"讨小狗2"

1. 强调规则：听清楚教师要找的小狗脖子上的礼物袋中有几个肉骨头，如果幼儿有这么多肉骨头，那就马上到教师身边来抱抱。

2. 教师预设小狗特征：

（1）礼物袋上有3根肉骨头的小狗；

（2）礼物袋上有4根肉骨头的小狗；

（3）礼物袋上有2根肉骨头，而且礼物袋是五角星形状的小狗；

（4）礼物袋上有3根肉骨头，而且礼物袋是爱心形状的小狗。

三、延伸活动

利用二维特征让幼儿进行游戏：找到礼物袋上面有3根肉骨头、形状是五角星的小狗；找到礼物袋上面有4根肉骨头、穿红颜色衣服的小狗。

附：《讨小狗》儿歌原文（上海话版）

> 笃笃笃，卖糖粥，
>
> 三斤核桃四斤壳，
>
> 吃侬点肉，还侬点壳，
>
> 张家老伯伯，问侬讨只小花狗！
>
> 旺旺！
>
> 张家老伯伯：好！侬要哪只小花狗？
>
> 讨狗者：我要一只××狗。

想一想

1. 每一次讨小狗时，只是要寻找一只或几只小狗，怎样让所有幼儿都能参与到活动中来？

2. 后续活动中还可以增加哪些维度的特征？

● 活动反思

在"讨小狗"这一民间游戏中,融合了分类、集合等数学元素。于是,我们将这一游戏加以改编,在保留其游戏性的同时,融入了数学认知、社会适应的内容,力求赋予它更多元的价值。在设计的过程中,我们首先寻找并思考活动的理论支撑点,包含以下三点。

第一,《指南》在社会领域人际交往中提出的第一个目标,即"愿意与人交往"。这一目标在小班幼儿身上体现为"愿意和小朋友一起游戏"。

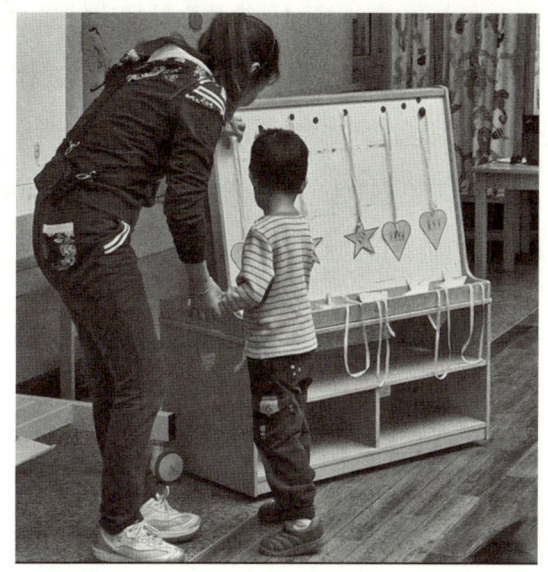

图2

第二,《指南》在科学领域数学认知中提出的第二个目标,即"感知和理解数、量及数量关系"。这一目标在小班幼儿身上体现为"能手口一致地点数5个以内的物体,并能说出总数"。

第三,在小班主题教学"好朋友"中,主题目标为"喜欢自己的朋友,体验与教师及同伴一起活动的快乐"。

在明确这一活动的支撑点之后,我认为活动中所涉及的关键经验有规则意识与能力、控制行为与能力、5以内的数数经验、观察与判断能力等。在此基础之上,我预设了本次活动的两个目标。依据活动目标,在各个环节的设计上,主要有以下三个方面的考虑。

第一,在游戏口令中融入数学要求。这一活动是在上半学期开展的,因此仅在原有游戏的基础上融入数学要求,让参与游戏的幼儿听指令完成动作,把数字转化为一定数量的动作。在符合要求的幼儿完成动作之时,其他的幼儿也在判断正确与否的过程中,通过听觉、视觉等多种感官,积累了数数的经验。

第二,根据活动实际情况调整游戏规则。在执教过程中,我发现幼儿的参与程度有待提高,因此略微调整了游戏规则。首先,不仅是与幼儿一对一进行互动,更是告诉幼儿"听清楚老师要讨什么样的小狗,如果你是这样的小狗,就马上到老师身边来",这样的口令可以一次性找到多个小狗(多名幼儿)一起互动。其次,在游戏中邀请所有幼儿共同检查结果的正误,试图让幼儿从只关注自己的游戏到开始关注其他幼儿的游戏。同时,通过检查游戏结果的正确性,增加幼儿手口一致点数说出总数的练习机会,积累相关经验。

第三,根据幼儿的年龄特点充分挖掘新玩法。在这一活动中,根据小班幼儿的年龄特点及发展水平,我选择的是教师主导性比较强的活动形式。也就是说,大多数时候幼儿都是在根据教师的指令做游戏。从执教中幼儿的反应来看,他们基本已具备了5以内手口一致点数的能力。与此同时,我发现有几名幼儿能够大致目测并说出4以内的数字,于是便在第二个环节中调整了实施方案。具体来说,我有意识提高了验证时的速度,且不是用一个个点数的方式,而是直接问幼儿"是4个肉骨头吗",让幼儿练习目测数的能力。这一调整实际上就是因为幼儿的能力已经超出了我们的预设水平,在第二个环节中增加两个维度的特征寻找也是基于这一考虑。

今天这个活动让大家感受到,民间游戏最大的特点就是可以反复进行,而且一个游戏可以从小班玩到大班。就比如"讨小狗"这个游戏,在小班阶段就可以不断进行口令和规则的修订,帮助幼儿积累各种经验。在活动过程中除了根据教师的指令寻找小狗外,也可以让幼儿自己来说指令,在培养幼儿语言能力的同时,进一步培养幼儿判别归纳特征等方面的能力。总之,我们在根据民间游戏开展活动时,首先要参考民间游戏本身的玩法,其次要寻找活动的理论支撑点和活动所需的关键经验,再次要制定目标、设想环节,最后才能总结经验、不断扩展。

活动评析

"讨小狗"这一活动,选用了幼儿比较喜欢的民间游戏,并在其中赋予了数学的元素,让幼儿练习5以内的数数。这一活动形式符合小班幼儿的年龄特点,能让他们在轻松的活动氛围中,跟着活动游戏与学习。同时,这一活动体现了以下两个特点。

第一,关注幼儿的学习过程。学习要有目标和要求,教师在教学环节的设计中要努力制定合理的目标要求,在教学实践中要努力达成预设的目标要求,不能走过场。在这个活动中,教师在每个环节都紧紧扣住了活动的目标要求,特别是在活动中叫到一名幼儿,让他来做规定动作时,教师并没有忽视此时其他幼儿的学习过程,而是眼睛里有其他幼儿,以全班一起数的方式,让每名幼儿都在活动中得以发展经验。

第二,回馈幼儿的学习行为。在这一活动中,教师不仅仅是引导幼儿在游戏中学习,同时也积极地给幼儿以反馈。例如,在涉及到二维特征的时候,教师发现并不是所有幼儿都具备且能熟练运用这一经验,因此就"某只小狗是不是我们要找的小狗"的问题,反复与幼儿互动,力图将所有幼儿都集中在当前的学习节奏中,让原本应当是一对一的活动,辐射到每一名幼儿。

（黄　瑾）

扫一扫,获取现场
活动视频

数动物（中班）

徐 萍

活动目标

1. 运用默数、目测等方法数出6以内的数量。

2. 在游戏中体验成功数数和记忆动物数量的快乐。

活动准备

1. 材料准备：PPT、动物指示牌。

2. 经验准备：幼儿有手口一致数数的经验，有游戏经验，会唱儿歌《数动物》。（一二三四五，上山看动物。动物有几只？一起数一数。数来又数去，××有×只）

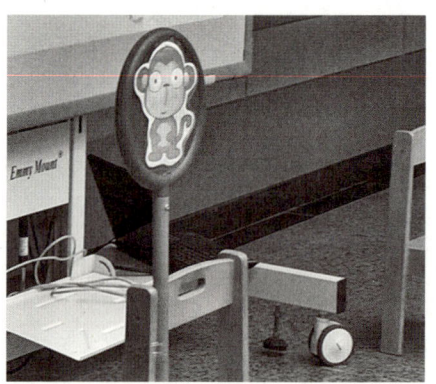

图1

活动过程

一、导入游戏

1. 引出活动。

导入：今天去秋游，我们到山上看看风景，看看、数数动物。

2. 第一次数数。

唱《数动物》儿歌，同时展示PPT，上面有4只兔子。

提问：小班的时候你们都是用小棒数的，可是现在有的小朋友不用小棒，却也能很快就数好了,那你们到底是怎么数的呢?

不用小棒帮忙,用眼睛看、心里数的办法,也能数得又快又好。

3. 第二次数数。

唱《数动物》儿歌,同时展示PPT,上面有6只梅花鹿。

提问:梅花鹿有点多,小棒也不帮忙,怎么才能不数错?

从上往下(从下往上)数,一个也不漏。还可以用看一个、点一下头的方法。

二、数数会躲藏的一种动物的数量

1. 第一次数数。

唱《数动物》儿歌,同时展示PPT,上面有4只山羊。

提问:山羊会躲起来,怎样才能数得又快又好?

眼睛看得快,心里数得快。先数上面一排,再数下面一排。

2. 第二次数数。

唱《数动物》儿歌,同时展示PPT,上面有5只刺猬。

提问:小刺猬没排队,乱七八糟,怎样才能数得又快又好?

一个一个数,旁边的一个也不要漏。

三、数数会躲藏的多种动物的数量

1. 第一次数数。

唱《数动物》儿歌,同时展示PPT,上面有3只猴子、3只松鼠。

2. 第二次数数。

唱《数动物》儿歌,同时展示PPT,上面有4只熊猫、4只猴子。

3. 第三次数数。

唱《数动物》儿歌,同时展示PPT,上面有3只松鼠、4只猴子、6只熊猫。

提问:几种动物在一起,怎样才能数清楚每一种动物的数量?

 小结

盯着一种动物看,一个一个数清楚。

 想一想

1. 这一活动涉及到了哪些数能力,这一阶段幼儿会在活动中呈现出怎样的水平?
2. "会躲藏的动物"这一教学设计,你怎么看?

活动反思

这一活动源自经典儿歌《上山打老虎》,它对于幼儿来说,念起来朗朗上口,玩起来非常有趣,在平时的游戏中也会经常用到。同时,这首儿歌与数数有密切的关系。学习6以内的数数,包括学习数6以内数量的物品,同时不受物品的颜色、大小、形状、排列位置的影响正确地数数是中班上学期的一个重要发展目标。因此,基于这首儿歌中的数学元素,加之迅速、不受干扰数数的要求,我设计了这一活动。

活动中游戏的玩法其实很简单,配套的儿歌也有趣生动,教师开展起来比较方便,但是如果单纯按照原来的游戏和玩法来进行,也就是一直数松鼠,可能会显得有些单一。因此我没有全部按照原游戏的玩法和规则来开展,而是基于原游戏进行了一些调整。

图2

首先是儿歌的改变。原来的儿歌有点长,不太适合集体教学活动。改编后的儿歌更短小,更适合集体教学活动。

其次是增加了游戏的情境。活动初期,我只是把游戏放在活动中,执教过程中发现幼儿的活动兴趣不高。可见没有了情境的烘托,游戏就没有很大的意义。因此,我后来在活动中创设了所说的"上山看动物""拍照片"等情境,让幼儿在情境中活动,始终保持活动的积极性。

最后是数数对象的改变。在原来的儿歌中数数对象只有松鼠,会造成视觉上的疲劳。于是,我把对象改变为多样化的动物,用以激发幼儿的数数兴趣,让他们不断数,同时也更加符合"上山看动物"的情境。

在将游戏和情境紧密结合后,这一活动中增加了很多元素,如不同的动物、拍照的情境等。这样更贴近幼儿的生活,让幼儿更感兴趣,也激发了他们学习的积极性,达到了较好的教学效果。在这些调整之外,为了达成活动目标,我在设计时还重点思考了以下三个方面。

第一,动物排列方式的变化。活动过程中我所提供的动物图片的排列位置是有变化的,并在其中尝试体现了数数难度的递进性。具体来说,动物的排列方式有的是成排的,有的是散点状的,有的是两个一排的,有的是三个一排的,有的是四个在一起、另一个在旁边的。这种排列位置的变化对幼儿的数数能力发挥是有干扰的,在干扰的过程中,我们想让幼儿通过目测数、点数的方法快速数数,对幼儿来说也有一定的挑战性。

第二，"会躲藏的动物"的设计。活动中我运用PPT制造出动物消失的效果，目的在于让动物呈现在幼儿面前的时间逐渐缩短，促使幼儿通过练习提高数数的速度。这样设计的原因在于中班的数数活动中有"正确而快速地数数"这一要求。在日常练习中让幼儿练习正确数数比较容易，比如提供图片让幼儿数数就可以达成这一要求，但是怎样才能锻炼迅速数数的能力呢？这是我在这次活动中主要思考的方面。因此，为了给幼儿创设一个快速数数的环境和条件，我利用了多媒体让动物消失了，促使幼儿快速地数。

第三，幼儿数数能力的培养。中班上学期不同幼儿的数数能力是存在差异的，有的幼儿还在小棒点数的水平。因此在活动中我也运用了活动情境和指导语，鼓励幼儿用其他人的好办法，比如目测数、默数等，进行迅速数数。这样结合了情境和游戏的内容，能够让幼儿易于接受新的数数的方法。

活动评析

"数动物"这一活动源自民间歌谣，其中蕴含着的是学前儿童数学核心经验中的数数。对于学前儿童来说，数数是数概念学习的一个重要方面，尤其小、中班这两个年龄阶段，是幼儿数数能力发展的重要时期。从表面上看起来，幼儿数数似乎是一个很简单的过程，刚开始只数小数字，慢慢就变成了大的数字；刚开始都是点数，后来慢慢能够按群数。每一名幼儿都是这样发展起来的。但是实际上，数数对于幼儿来说是一个巨大的认知任务，因为其中牵涉到数概念、认识、语言这三者之间的协调。所以对于教师来说，在开展此类活动时首先要有这样一个认识：数数不是一个简单的任务，尤其是对于小、中班的幼儿来说，更加不是。

回到"数动物"这一活动，这其中有三个方面教师要多加思考。

第一，活动中幼儿呈现出的数数能力。这个活动在活动目标中提到用目测数的方法数数，目测数是幼儿天生就有的机制和能力，它让幼儿在一瞬间能够看到数字。另外，活动目标中也提到了默数，也就是幼儿所说的"眼睛看，心里数"。

那么在实际活动中，PPT上首先出现了4只兔子。这时，基本所有的幼儿都能很快说出数量，他们用的是目测数的方法。接着，PPT上出现了6只梅花鹿，幼儿数数的情况就变得不一样了：有的幼儿伸出了手指，也就意味着他采取的是点数的方式。这说明当数量逐渐增大时，中班幼儿会采用他们认为最有效、最安全的策略，即用点数来解决问题。

在这样的情形下，我们当然应该允许幼儿点数，尤其不能排斥幼儿的点数，并可以在此基础上进一步引导幼儿尝试采用其他办法数数。但是这也进一步告诉我们，在创设目标时应从幼儿的角度看待自己制定的要求，考虑当前幼儿处于何种发展水平。在本次活动中，教师的活动设计意图虽然落脚在默数和目测数上，但是在出现大数量时，幼儿一定会用自己的方法。作为教师而言，要允许幼儿采用自己的方法，即使这种方法与当前所教的方法不同。因为对于幼儿来说，他们真正掌握的数学不是教师所教的，而是自己所使用的。数学只有在真正被使用之后，才会成为幼儿的经验。

第二，活动中教师总结和反馈的技巧和方法。在这一活动中，教师会反复询问幼儿"那你们是怎么数的"，那么幼儿是如何回答的呢？有的幼儿由于语言能力的限制，暂时还不能对数数方法进行清晰描述。例如在目测数中，幼儿用这一方法数对了，却在描述方法时出现了"我看一下就知道了"这样不清晰的表述。这时候，如果教师只是肯定幼儿的方法，对其他幼儿提出"那我们来学一学"这样笼统的要求，就产生了问题：要幼儿学的到底是什么呢？因此，幼儿无法说清楚的数学，教师一定要清晰地说出来，将这一方法用语言进行描述。

第三，该活动所设计的"会躲藏的动物"的相应环节。有关这一点，也是存在争议，需要进行讨论的。在这一环节中，PPT上的动物图片出现几秒后，便没有了。这一环节的设计除了指向幼儿的数数能力之外，也指向活动的第二条目标"记忆动物数量的快乐"。那么，目标一和目标二之间是否有冲突呢？如果本次活动的重点在于数数，活动是否应该专注于数数呢？之所以提出这样的疑问，是因为国外研究表明：5岁儿童运用目测数能够数到的最大数是5。在这一活动中，幼儿需要运用目测数数到能力范围内最大的数量，本身已经是具有难度的任务了，动物消失这样的形式在无形中更是增加了任务的难度，虽然它可能会让幼儿感到有趣、兴奋，但其结果是否能真正落实到幼儿的数学学习上，还有待于讨论和考量。

（黄　瑾）

扫一扫，获取现场
活动视频

老狼老狼几点了（大班）

卢世轶

活动目标

1.尝试探索10以内数字组合的不同可能性,发展思维的变通性。

2.分享数的组成的经验,体验集体游戏的快乐。

活动准备

1.经验准备:幼儿具备初步的10以内的数字组成经验。

2.材料准备:大、中、小号塑料圈若干;圆形点数卡片(点数分别为1、2、3)若干;数字卡片6和数字卡片10;白板。

图1

图2

活动过程

一、6人游戏

1.教师扮演老狼,幼儿扮演小羊,玩"老狼老狼几点了"的游戏。规则为:

（1）小羊只要站到圈内，就不会被抓住。

（2）每个小号圈内只能躲1只羊。

2. 场地上放置6个小号圈，请6名幼儿游戏。

提问：6只小羊6个圈，小羊都能躲进圈里吗？

结论：羊和圈的数量一样，每个圈里站1只羊，有6个圈，合起来一共是6只羊。

3. 减少圈的数量，出现中号圈，每个中号圈内可以躲2只羊。

提问：

（1）拿掉一个圈，6只小羊用5个圈做游戏，会有小羊被抓住吗？

（2）有没有办法让某个圈里能站下更多的小羊？

（3）如果只能用4个圈，该选怎样的圈？

（4）要把6只小羊都保护起来，最少用几个圈就够了？

虽然每次圈里的小羊合起来都是6只，但圈的数量越来越少了。

二、10人游戏

1. 提问：10只羊做游戏，如果大家都不想被抓住，你觉得最少需要几个圈？

2. 圈的数量还能再少一点吗？用4个圈能不能让10只小羊都躲进去（出现大号圈，每个大号圈可以躲3只羊）？

我们可以用不同的方法看看这些圈里一共可以躲几只羊。

三、延伸活动

提问：同样是用4个圈，还有其他选择圈的方法吗？

活动反思

这一活动在最初设计及经过执教后修改时，主要有以下三点考虑。

第一，要关注这一活动对幼儿数学思维的提升。在幼儿园数学活动中，数的组成是数学教育的一个重要内容，但是在教学中，往往形成了一种定势，即数的组成是一个总数和两个部分数之间的关系，比如10可以分成2和8。同时，现在的幼儿在家庭教育中也接受到了越来越多的数学教育，对于大多数的大班幼儿来说，20以内的加减法运算不是一件很难的事情。但是，这样的数学对于幼儿来说，并不意味着他们理解了数的组成和加减法的实际意义，或者代表他们能够运用这一概念来解决生活中的实际问题。因此，在这一活动中，我想要打破以往的思路，让幼儿有一个概念，即原来一个总数不仅仅可以分解为两个部分数，还可以分解为很多部分数。同时，幼儿学习这一概念的过程，是通过活动中所创设的游戏情境在实际操作中学习的过程。这一活动的情境对幼儿提出了挑战，造成了他们认知上的冲突，从而也能提升幼儿思维上的变通性和灵活性。这也是我所认为的数学教育的意义：它不应只是加减法这些知识和技能，更应该是对幼儿数学思维品质的提升。

第二，要关注这一活动对幼儿数学能力的培养。数学活动涉及五大数学能力，即交流、推理验证、解决问题、表征、联系。在这一活动中，我首先将数学能力落脚在交流上。在开展活动时，我不断地向幼儿抛出问题，鼓励幼儿把自己的有关数的组成的经验、在这个活动中的思考过程、对他人思考的理解等通过语言表

图3

达出来。语言是思维的外壳，在数学活动中，这种交流非常重要。究其原因，是因为交流可以帮助幼儿梳理思维的过程，提升交流的经验，同时还能让教师看到幼儿是怎样学习的。另外，我也希望通过这一活动锻炼幼儿运用数学知识解决问题的能力。在这一活动的执教过程中，曾经出现过这样一个细节。当有3个中号圈和6只小羊时，我问幼儿："这时候小羊应当如何站？"一名幼儿回答："6只羊，3加3就可以了。"然而可以看到在实际情况中，幼儿这一回答是行不通的。实际上这就像之前所提到的，幼儿学习了加减法，但这对他们来说只是一种既定的概念，无法与当前的情境联系起来。因此在这一活动中，我非常注重引导幼儿用自己的经验来真正解决情境中的问题，虽然幼儿会采用不同的方式，如点数、加减法等，但我都给予了鼓励和包容。只有在数学活动中让每个幼儿都明白自己的方法可以如何运用，对他们来说才有数学能力的提升。

第三，要关注这一活动中游戏与教学之间的关系。游戏是一种手段和形式，但是游戏对于幼儿来说，并不是玩得开心就好。如果幼儿只是热衷于玩游戏，但却没有在游戏中思考，那么这一活动对幼儿来说其实是没有意义的。幼儿应该在游戏中主动学习、解决问题，在游戏中达成教师所预设的教学目标。因此，在游戏化的教学中，教师应当思考怎样将幼儿对游戏的兴趣与教师预设的目标结合在一起，让幼儿在游戏中既能玩、又能学。根据这一要求，在本次活动中我设计了"在幼儿数量不变的时候，能不能让圆圈的数量减少"的问题，也期望幼儿在这一情境中游戏和思考。

活动评析

"老狼老狼几点了"这个活动源自一个众所周知的民间游戏，教师运用其中的数学元素为数学活动服务，而其中蕴含的数学经验，就是数的组成。以这一活动为例，在数学活动中教师应当关注以下三个方面。

第一，数学活动中教师的数学语言。讲话、交流、提问是教师在教学中最一般，也是最常使用的策略，但是各领域活动对教师语言的要求又有所不同。在语言活动中，教师的语言应当具有丰富性和生动性；在数学活动中，教师的语言应当做到简单、明白、精确、归纳，这才是恰当的数学语言，没有啰嗦的陈述、没有不必要的语言。在这一活动中，教师提出了很多问题，这些问题的表述十分明确，对于幼儿活动的总结，也十分清爽，这就是正确的数学语言。

第二，数学活动中幼儿的自发学习。在这一活动中，教师创设了一个教学情境，这一情境能够激发幼儿的自发学习。在日常教学中存在两种情况，一种是拉着幼儿走，另一种是推着幼儿走，这一活动就是在推动幼儿的学习与发展。我们可以看得到这一活动的时间非常长，为什么呢？因为凡是遇到一个问题，教师都先将幼儿放在教学的前面，注重每个幼儿的学习过程。例如，从6只羊过渡到10只羊，既有共通的经验，也有不同之处。在这个时候，教师首先创设了10只羊的情境，让幼儿自己思考并讲出想法，注重幼儿的自发学习。

第三，数学活动中幼儿数学能力的培养。幼儿园的数学教育，不是为了让幼儿认识数字、学会加减运算，而是为了发展幼儿的数学能力和数学思维，这是幼儿教育工作者普遍都认同的看法。因此我们的教学不是为了内容，不是为了知识，而是为了能力。那么，到底是为了哪些能力呢？这个活动中涉及到了三种数学能力。首先是交流能力，在活动中教师强调让幼儿说，让幼儿回答。对于大班幼儿来说，说数学是非常重要的，数学不是拿来做的，而是拿来说的，一定要把数学说清楚。其次是推理验证的能力。活动中教师让幼儿思考6只小羊最少要几个圈，让幼儿在游戏前先进行推理，再让幼儿在白板上利用点数卡的摆放进行验证。最后是表征的能力。在活动设计中，教师用点数卡代表小羊，在白板上进行摆放，实际上就锻炼了幼儿的表征能力。

综上，在这一活动中，教师体现出了数学的素养和意识，意识到了幼儿数学学习的关键，并在本次活动中将关键点体现了出来。因此，在"老狼老狼几点了"这一活动中，可以感觉到数学的味道，而且整个活动也聚焦在了幼儿的数学能力和数学思维上。

（黄　瑾）

扫一扫，获取现场
活动视频

挖掘民间游戏中的数学元素

施 敏

　　数学与我们的生活息息相关，人的生活中的衣、食、住、行几乎都离不开数学，自然界中的一切物体又都潜藏着数学美。但与此同时，数学又是一种高度抽象的逻辑数理知识，其逻辑性与精确性等特点对幼儿来说极具挑战性。以往的数学教育，教师往往重视教授数学知识，习惯采用重复灌输的教学方法，忽视了幼儿的思维特点，也未重视培养幼儿初步的数学思维能力这一目标，使幼儿的数学学习活动显得十分沉闷、枯燥，不易被幼儿接受。因此，如何激发幼儿学习数学的兴趣，继而帮助他们运用数学思维来思考问题、解决问题，使数学变得有趣，值得我们教师深思。

　　近两年来，我们主要对数学活动游戏化的问题进行了实践研讨，特别对如何通过游戏的形式开展数学集体教学作了一系列探讨，试图使幼儿在轻松、欢愉的气氛中学习数学，积累相关经验，体验运用数学思维解决问题的快乐。我们认为：用游戏的形式进行数学知识学习，可以使抽象的数学知识与具体的游戏情境结合起来，把数学教育的内容具体化、形象化，使3—6岁的幼儿更易于接受，同时可有效地激发他们的学习兴趣，使他们全身心地投入到活动中。这样，枯燥的数学知识就会变得有趣，简单重复的练习也会因游戏而变得生动起来，使幼儿在愉快的情绪中轻轻松松、饶有趣味地学习数学，提升学习效果。

　　幼儿数学活动游戏化最基本的要求是：借助游戏情节，将数学活动的目的和内容转化为游戏的内容和规则。若将数学知识和各类游戏相结合，让幼儿在游戏中得到心理上的满足，一方面能让幼儿在游戏中发现数学、感受数学；另一方面，还能让幼儿在运用数学方法解决游戏中某些简单问题的过程中理解数学、运用数学。

　　在当前的幼儿数学活动中，虽然教师也在不断进行数学游戏化的尝试，但普遍存在着形式化和模式化的倾向。

　　形式化，即名为游戏实为教学，需要的环节就拿来使用，不需要的环节就丢在一边，甚至完全不见游戏的影子。比如在做游戏的时候，需要把7名幼儿分成2组，这时需要考虑怎分的问题。其中一种是与幼儿的生活相结合,大家一起来讨论,发现7是单数,怎么分都多出来一个人,怎么办?最后大家商量出"多的那个人为裁判"的解决方案,继续游戏。这就是从幼儿的实际经验出发,将数学游戏化。另一方法是引导幼儿:7可以分成3和4、7可以分成2和5……结果变成了练习数的组成,与游戏完全没有关系了。

模式化,即在游戏时为幼儿设置了许多刻板的规定,一心导向教师心中的模式,幼儿则在教师的"精心"安排下机械地消极模仿,游戏成了"假游戏"。比如在做给小兔分家的游戏时,其中一种教学方法是和幼儿一起讨论:小兔要住的新家是2个大山洞,要玩一玩分房间的游戏,2个山洞都要住进小兔,小兔不能留在外面,都要回家。兔子有白的、黑的、灰的等各种颜色,要让好朋友住在一起,以此鼓励幼儿按兔子的特征分类。另一种方法也是小兔要住新家,教师以提问的方式规定相同颜色、外貌的兔子要住一起,并让幼儿按这一规定表述可以怎样分房间。这便是教师为了达到心中的目标,全过程都要求幼儿按教师的特征进行分类。

以上两种倾向仅仅只是给数学活动戴上一顶游戏的帽子,难怪幼儿在开始时兴高采烈,在过程中无精打采,在结束时说:"一点也不好玩!"

结合以上的分析,我们在实践研究中提出了一个新的思路,即利用现有的民间游戏,挖掘其中的数学元素,将游戏规则贴近数学的教学要求。

那么,民间游戏中的数学元素有哪些呢?

首先,民间游戏是指流传于广大民众生活中的嬉戏娱乐活动,俗称"玩耍",如跳房子、占四角、猜拳、背人、跳绳等。它的内容丰富,种类繁多,在许多人的童年中留下了美好回忆。在立足本土文化,努力挖掘乡土文化时,民间游戏是极其珍贵的教育资源,可以发挥其独特的教育作用。一般民间游戏涉及语言、运动领域居多,涉及到数学领域的游戏可以"猜猜国王在哪里"游戏为例。这一游戏将幼儿分AB两组,A组讨论商量选定一个幼儿为国王;B组就A组幼儿的外形特征提问,A组只能回答是或不是,B组在提问5次后,猜出谁是国王为成功,反之A组成功。在这个游戏中,幼儿必须运用比较归纳的方法逐一排除,锻炼了幼儿思维的条理性。

如何使民间游戏的内容与形式更为丰富和灵活,使其能够激活幼儿思维,支持幼儿园数学教育呢?可以从以下三个方面进行思考。

一、选择适合开展数学活动的民间游戏

很多现有的民间游戏都内含着数学元素,它们可分为容易显现数学元素的游戏和数学元素比较隐性的游戏两类。

（一）容易显现数学元素的游戏

有些民间游戏中的数学元素一目了然，容易被发现，也因此较容易依据它们设计数学活动。

1. "上山打老虎"的游戏。

"上山打老虎"的游戏可以帮助幼儿练习1到5的唱数。当幼儿念着"数来又数去，动物有几只"的儿歌时，便在轻松愉快的爬山游戏中自然而然地学会了5以内数的数数方法，而且也不易感到厌烦。这比单纯拿图片让幼儿数，更让他们感到轻松愉快。本讲中的"数动物"正是利用这一游戏开展了数学活动。

2. "跳房子"的游戏。

在游戏"跳房子"中，教师可以按照地面格子画成的房子开展与数学相关的活动。如小班按顺序跳画在地面上的5格，边跳边念数，培养按顺序计数的能力。大班可以用掷骰子按点数或猜拳抽取分合卡并算出分合卡总数的方法，跳10以内的格数的房子，感知10以内数字的数量关系。

（二）数学元素比较隐性的游戏

有些民间游戏中的数学元素是隐性的，需要深入地探索，合理地创设游戏情境。

1. "讨小狗"的游戏。

原来的玩法：

一名幼儿作为讨小狗者，教师或另一幼儿为张家老伯伯，其余幼儿为小狗，排成一路纵队（7至8人）蹲下。游戏开始，张家老伯伯逐一介绍小狗的名字，讨小狗者边念儿歌边拍手，并围着小狗做跑跳步，到张家老伯伯面前做敲门状后与张家老伯伯一问一答讨小狗。讨小狗者选一小狗，被选中的小狗跟随讨小狗者。游戏重新开始。

小狗的名字可按扮小狗的幼儿衣服颜色而定（如：小黄狗）。另外，张家老伯伯介绍小狗时，小狗必须在点到时叫一声"汪"。

现在的改变：

正是因为游戏中有"按扮小狗的幼儿衣服颜色而定""在点到时叫一声'汪'"的玩法，教师在"讨小狗"的游戏中可加入更多的"讨"的元素，如叫声、动作、饰品等，甚至到小班下期，还可以鼓励幼儿从多维度来感知和辨认自己或他人是不是要被讨去的小狗。

2. "老狼老狼几点了"的游戏。

原来的玩法：

一人扮老狼，站在家前2米，其余幼儿扮小羊站在家里。游戏开始后，小羊开始问："老狼老狼几点了?"老狼回答:"×点了。"小羊和老狼连续问答。当老狼回答"12点了"时,老狼就开始追小羊。

现在的改变:

加入了数的组成的内容:原本6只羊住在6个羊圈里,但当羊圈变少时,6只又怎么住进羊圈而不被狼抓走呢? 让幼儿在游戏中感知"6可以分成1、1和几""还可以分成2、2和几"等数的组成的概念。

二、让民间游戏和数学活动更紧密地结合

(一) 将民间游戏作为数学活动的主线

在"讨小狗""老狼老狼几点了"和"数动物"三节数学活动中,可以看到民间游戏不是一个环节,更不是追求趣味的点缀,而是一直贯穿在整个数学活动中,引领整个活动层层递进的主线,这三个活动真正做到了让数学元素融入民间游戏中。

例如在"讨小狗"的游戏中教师引导幼儿反复念儿歌,通过"挑小狗""验证小狗"和"送礼物"三个既有联系又有变化的情景,将数数的经验融入其中,帮助幼儿积累按小狗特征分类的经验。

(二) 尊重民间游戏的形式和内容,保持其原汁原味

这三个数学活动中都有一首流传很久的儿歌,如"讨小狗"就是经典,我们也不能为了数学而让它们变得面目全非。所以教师在设计活动时就直接将其运用在活动中,突显民间游戏的原汁原味。有些儿歌比较长,我们就根据数学经验的需要做适当调整或缩减,如"数动物",原来的儿歌是:"一二三四五、上山打老虎。老虎没打到,打到小松鼠。松鼠有几只? 让我数一数。数来又数去,一二三四五。"一是因为儿歌中数量固定,且儿歌较长,每次游戏一次,就要念一遍儿歌,很耗费时间;二是从保护动物的角度考虑也不合适,所以就改成:"一二三四五,上山看动物。动物有几只? 一起数一数。数来又数去,××有×只。"在与幼儿用儿歌一问一答的过程中,既保持了民间游戏的原汁原味,又完成了数学活动的目标。由此可见,教师必须在选择、运用儿歌游戏时,慎重思考、判断,让民间儿歌既不失原有的韵味,又能为数学活动服务。

(三) 制定有助于开展数学活动的游戏规则

教师应以不改变民间游戏原来的玩法为前提,将数学活动的目的和内容转化为游戏的内容和规则,让幼儿在玩游戏的同时感知数学经验。教师还能根据民间游戏的内容提出新

的玩法、规则，让幼儿在不知不觉中跟着游戏的脚步，掌握更多的数学经验。

如在"马兰花"的游戏中，仍然将《马兰花》的儿歌和开花作为数学活动线索，制定出新的"两人合开一朵花"的手势规则，使幼儿在反复游戏中直观地发现单双数的规律。

（四）为民间游戏赋予数学知识

一个民间游戏如果加入不同要求的数学经验，时常能转化为多个数学活动。因此将民间游戏有意识地赋予不同年龄段的数学要求，通过民间游戏的形式进行数学活动，往往能达到意想不到的效果。例如"老狼老狼几点了"也可在小班数学活动中按老狼说的1至3点钟的提示，听到3点钟时，头戴数字3的小羊就赶紧跑到安全屋去。

例如，"炒黄豆"的游戏。

原来的玩法：

两人一组，手拉手相对站立，边念儿歌边左右摆动双手，念至儿歌最后一个字时两人同时轻身。

现在的改变：

幼儿手持一筐两面不同颜色的圆片作黄豆，筐内圆片数量为6—10个。幼儿一边念儿歌，一边"炒"筐里的黄豆，念到最后一个字时，用力一翻，看看并数数筐里有几个黄豆"翻跟斗"了。因为每次"翻跟斗"的结果都不一样，而且都控制在自己手里，所以幼儿特别感兴趣，不厌其烦地一遍遍"翻跟斗"、一遍遍数黄豆。

这个游戏在不同的年龄段可以有不同的数学要求：小班数量少些，练习数数；中班数量多些，练习目测数；大班学习10以内数的组成。

三、设计简单便于操作的材料，以利民间游戏的开展

材料简单是民间游戏得以流传的重要因素之一，在民间游戏融入数学活动时，也应注意保持这一特点。为此，教师使用的教具都非常简单，有的甚至不需要教具，如"讨小狗"活动只有几张肉骨头的卡片，"数动物"的活动中只需要一个多媒体课件和数张图片，"老狼老狼几点了"则是利用了运动时玩的几个圆圈。教具虽然简单，幼儿仍然玩得津津有味，这也是民间游戏的魅力所在。幼儿在熟悉玩法以后，即便没有教师加入，在个别化学习活动、自由活动中也可随时随地地玩起来。

许多小鱼游来了

尝试利用民间游戏"许多小鱼游来了"设计一次数学活动。

1. 回忆民间游戏"许多小鱼游来了"的玩法,思考"许多小鱼游来了"中蕴含着什么样的数学知识?

2. 利用"许多小鱼游来了"设计数学集体教学活动时,要求在活动中既保持游戏原有的趣味性,也能让幼儿在游戏中感知数学经验。

3. 创造条件,引导幼儿延续集体教学"许多小鱼游来了"的经验,在活动区或日常生活中自主地开展游戏。

第三讲

巧用学具，

使数学活动

游戏化

· 导 读

此讲以学具为主题，讨论了教师对学具的认识与利用。同时通过在小班、大班开展的三个集体活动，展示了套盒、揭盖盒和数学卡片三种学具在集体教学活动中的使用方法。最后在对活动评析和解读的基础上倡导教师在数学活动中用游戏的形式使用学具，提高数学活动的有效性。

玩套盒（小班）

沈文茜

活动目标

1. 在玩套盒的活动中，区别"1和许多"是不同的量，探索感知大小序列。

2. 对数学操作活动有探索的兴趣。

活动准备

与幼儿人数相同的三角形、圆形、方形套盒，白色托盘。

图1

图2

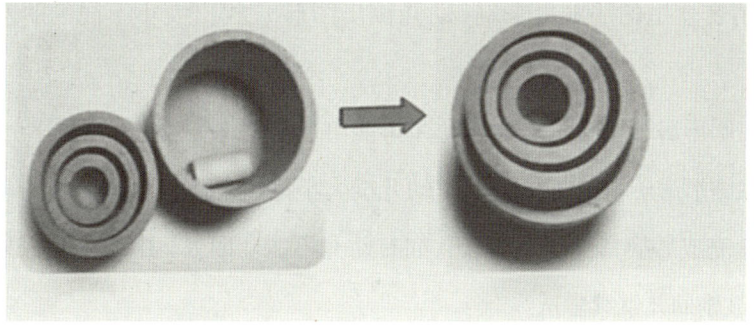

图3

一、引起兴趣

出示3个套盒。

提问：小区里有什么样的房子？（圆形、三角形、方形）

二、区分"1和许多"两个不同的量

1. 看一看、数一数。

提问：小区里圆形、三角形、方形房子分别有几幢？（1幢）

2. 听一听、猜一猜。

提问：

（1）这些房子里有人居住吗？听一听（教师摇动套盒），圆形房子里可能住的是什么朋友？三角形房子里可能住的是什么朋友？方形呢？

（2）有多少人住在里面呀？教师倒出圆形套盒里的小套盒。

1幢房子里原来住了许多人。

三、玩套盒

与圆形、三角形、方形套盒做游戏。

1. 分别请套盒里的朋友出来玩（幼儿倒出图形），找出大小不同的朋友，并和他们打招呼。

2. 和住在圆形房子里的朋友做游戏。（可能出现叠高、横排、叠套现象）

3. 送住在圆形房子里的朋友回家。（幼儿按大小将套盒叠套回去）

圆形套盒完成后换其他图形套盒。如有幼儿不能套回去，引导幼儿发现套盒间大小的序列关系，并鼓励幼儿继续尝试。

四、延伸活动

1. 送其他图形套盒回家。

2. 造房子游戏。

活动反思

在教学活动中,数学知识的抽象性较强,尤其是对小班幼儿易造成其学习上的困难,如果教学方法不当,更会使幼儿感觉学习数学知识枯燥和乏味。在教学活动中巧用学具,让幼儿在动手、动口、动脑,即运用多种感官的过程中,积极思考、获取知识,这样既有利于幼儿对知识概念的理解,又能让

图4

操作、思维、语言三者有机结合,达到和谐统一,从而提高教学效率。

"1"和"许多"是两个不同的量,教学活动的重、难点主要体现在"认识"和"感知"上。在小班初期,幼儿年龄小、好玩、好游戏、注意力时间较短,而套盒既由多个小套盒组成,每个的大小特征又十分明显,所以我选择了它作为学具,同时赋予住楼房的游戏情境。让幼儿随着游戏,在玩中学、学中玩,通过具体形象的学具的摆弄与操作,建立初浅的数量及大小序列的概念。

在这一活动中,我着重思考了以下几个方面。

(1) 巧用学具,创设活动游戏情境。

根据小班幼儿的年龄特点,我采用了让幼儿直接参与的情境教学方法,把目标、内容同游戏融合在一起。整个过程将套盒拟人化为房子,运用套盒的叠套特性不断地变出多个形状盒,在吸引幼儿眼球的同时,不断让幼儿进行大小比较。在游戏的过程中幼儿徜徉在有趣、直观、形象

的情境中,且不断感知、体验和积累相关的知识和经验,引发了对数学的好奇和探索兴趣。

（2）巧用学具,培养口头表达能力。

小班是幼儿的口头语言发展的关键时期,我们可以通过对学具的操作,鼓励幼儿试试、做做、说说,有效培养幼儿的表达能力,激发其说的欲望。如教师在请图形朋友出来的过程中可以引导幼儿用语言表述套盒的大小,促使幼儿在表达过程中理解大小序列的概念。这样的方式更符合小班幼儿动作配语言的思维发展要求。

（3）巧用学具,提供自主学习空间。

幼儿摆弄操作学具的过程就是一个探索的过程。它让幼儿自然而然地投入到活动中去,通过自己动手、动脑,认识所学内容,从而提高自身参与活动的积极性和思维的灵活性。数学学具的操作环节为幼儿提供了自主学习的空间,也提供了想象的空间。它拓展了幼儿的想象能力,让幼儿在不断解决问题的同时获得经验积累和信心。在情境游戏中进行学具操作,给幼儿展现自己的舞台,让他们可以尽情地表现,充分展现自己的动手操作能力,充分发表自己的独特见解,按照自己的心得想法创造出奇迹。如在玩图形套盒时,幼儿除了感知"1和许多",在横排、叠高、叠套时,还感受到了大小序列关系。

总之,教师要善于利用学具,用学具进行创新思考和创新实践,及时激发幼儿的学习欲望;要善于利用学具调动全体幼儿动手操作的兴趣,使幼儿边动手边思考。当幼儿积极主动地参与教学的全过程时,既有利于加深幼儿对所学知识的理解,又有利于发展幼儿的思维能力。

活动评析

"玩套盒"这一活动目标明确,即使幼儿感知和区别图形的大小序列。这一活动使用到了套盒这个学具,它借助了套盒的形式呈现了不同图形的大小序列,设计得非常精致,也足够巧妙。对于幼儿来说,套盒更是具有极强的直观性和操作性,可以让幼儿通过观察和触摸,进行大小的比较。因此,这一活动中,让幼儿人手有一套学具是非常必要的。

从教师设计活动的角度来看,她意图让幼儿在活动中边看边玩边比。幼儿可以用套盒来排序,也可以用它们来垒高,还可以用以叠套,同时教师通过提问引导幼儿关注和比较套盒的大小。在这样一个游戏的过程中,幼儿与学具互动的过程,是一个探索的过程;幼儿想办法完成游戏任务的过程,也是一个思考的过程;幼儿尝试将大小不同的套盒按顺序叠套回去的过程,还是一个判断的过程。思维能力、探索能力、判断能力,这就是教师想让幼儿通过本次活动所发展的能力。

从幼儿习得经验的角度来看，小班幼儿非常喜欢这个学具，一看到学具就希望立刻能上手玩起来。那么，在幼儿操作的过程中，他们经历了一个怎样的思维过程呢？首先，幼儿拿到套盒时，跟随着教师的提示，最先考虑到套盒的形状。其次，在打开套盒之后，开始感知套盒的大小。最后，在叠套套盒时，幼儿每放回一个套盒，都要思考大小序列的问题。在这一过程中，教师用语言为幼儿提供了支架。每一次教师引导幼儿跟新的图形套盒打招呼时，都会出现"比它小一点点的是哪一个呢"这样的语句，幼儿伴随着这样的语言，找出相应大小的套盒。其实这就是一个支架，因为基于幼儿的经验和逻辑来说，"一点点"暗含着一个大小的比较，能够帮助他们在较难的多个套盒的比大小中，梳理大小的序列关系。

但是，这一活动中要提出的一个关键问题是：活动的要求和幼儿的经验之间是否存在一段距离。仔细分析将多个套盒依大小套回去这个环节，它要求幼儿知道多个套盒有大小的区别，且有序列的关系，但是这并不足以支撑幼儿完成任务，因为这一任务还隐含了一个极为关键方法，即每一次叠套都要找到剩下的套盒中最大的那一个。这个方法对于小班幼儿来说，是一个难点，需要给予他们时间去探索和发现。幼儿只有在操作中不断试误，最终才能习得这一方法，获得新的经验。

基于活动要求与对幼儿经验的分析，我们可以看到这个活动实际上要给幼儿较多的时间来思考和探索，那么由此而引出了有关本活动的另外一个问题：教师应把它作为区角活动，还是集体活动呢？这是一个开放性的问题，并没有一个普适的解决方案。一方面，这个活动中不包含大量的语言，放在集体活动中可能有些浪费，但是如果作为区角活动，幼儿就会有更多时间来探索，能够专注和学具互动。另一方面，集体活动作为师生互动和生生互动的重要场合，给幼儿以机会自己建构了经验之后，用语言来提炼自己的经验，把思维外显化。比如，幼儿用语言表述对套盒中图形垒高的经验，这对幼儿来说也是一种提升。

（陈　青）

扫一扫，获取现场
活动视频

甜甜的水果（小班）

施　敏

活动目标

1. 在操作活动和游戏中，积累简单的方位经验，尝试按一定的顺序进行记忆。

2. 继续熟悉生活中常见水果的名称及其特征。

活动准备

人手1份揭盖盒学具。

图1

活动过程

一、说说我吃过的水果

提问：你们都吃过（或喜欢吃）哪些水果呢？（幼儿自由回答）

二、找找我吃的水果

1. 游戏：点芝麻。

唱儿歌：点点点芝麻，点到哪个开哪个——芝麻开门！

提问：说说你看到了什么水果呢？是什么样的呢？吃起来味道是怎么样的？

2. 游戏：翻翻乐。

提问：已经找到几个水果了，谁来告诉我你想打开哪个盖子看看？

引导幼儿说出：×××的下面、×××的上面、×××的旁边。同时引导幼儿说说水果的简单特征。

3. 游戏：找朋友。（使用揭盖盒游戏）

导入：水果宝宝都和我们做朋友了，那我们一起来玩一个"找朋友"的游戏吧。

唱儿歌：找呀找呀找朋友，找到一个好朋友，苹果苹果在哪里，赶快把它送给我。

提问：

（1）苹果在哪里呀？上面、下面，还是在中间呢？

（2）谁想告诉大家你喜欢吃什么水果啊？（幼儿说）我们一起找出来送给你。

唱儿歌：找呀找呀找朋友，找到一个好朋友，×××在哪里，赶快把它送给我。

提问：

（1）还有几个水果宝宝没找到呀？你们能猜得出这些水果藏在哪里吗？

（2）告诉大家你喜欢吃的水果在哪里呢？

所有的水果都被我们找到了，水果也要休息了，我们把盖子盖上，和他们说再见。

1. 为什么要念《点芝麻》的儿歌，儿歌应该怎么呈现？

2. 为什么教师要首先选择苹果来向幼儿提问？

3. 揭盖盒还可以怎么玩？

水果是小班幼儿在生活中最常见的物品，也是他们最喜欢吃的食物。因此，幼儿对水果的名称、水果的形状、水果的味道等明显特征，有了深刻的认知和识别度。不过，虽然在数学

图2

活动中，幼儿数过水果，帮水果分过家、排过队……但是，随着时间的推移，幼儿对水果的热度和数学活动的兴趣也在减弱。这时我们发现在揭盖盒的卡片中，其中一份就是甜甜的水果，那么它可不可以给幼儿带来不一样的感受，让幼儿学习到新的数经验呢？这引起了我的思考。

1.有趣的揭盖盒。

揭盖盒是徐苗郎老师设计的"学习园地"中的一套学具。这是一套木制的学具，学具上面有9个洞，并配有大小一样的9个盖子，同时学具还配有难度不同、主题不同的卡片16张。游戏时把卡片插入揭盖盒中，当幼儿打开其中的任何一个盖子时，就会发现下面藏着一个不一样的物体，这个发现给幼儿带来了巨大的神秘感和新鲜的游戏体验。

2.活动前的前期经验。

集体活动前，我们先将揭盖盒投放在个别化学习活动中，但没有投放相应的图片卡片，目的是让幼儿了解、熟悉揭盖盒这个学具。在动手操作的过程中，幼儿通过以下游戏积累了相关经验。

游戏一：盖盖子。

1个盖子可以盖1个小洞。（一一对应、重叠法）

游戏二：多了和少了。（什么多了、什么少了、一样多）

● 藏掉1个盖子。

● 多放1个盖子。

同时在操作的时候，新小班的幼儿学会了正确拿取操作盘、正确摆放学具的方法，为后面的集体活动操作积累了相关的经验。接下来我们就结合"苹果和桔子"的主题，选取了揭盖盒的水果卡片，再依据幼儿的前期经验，设计了本次活动。

3.活动的设计和调整。

活动前设想关注幼儿的记忆，即幼儿能记住这些水果的位置吗？这是活动的第一个落脚点，据此我设计了以下环节。

（1）充分利用学具，帮助幼儿积累方位经验。

● 制作放大的学具。（便于教师示范和指导）

● 每人都有学具及操作材料，给予幼儿充分操作的机会。

● 学具不是仅在一个环节中运用，而是贯穿在整个活动中。

（2）与幼儿的生活经验相结合，帮助他们熟悉常见的水果的名称和特征。

活动的第一个环节，就是让幼儿看看、说说这些生活中常见的水果，从外形、颜色、味道，说到营养、功效等。它让我们看到了小班幼儿丰富的生活经验，也让幼儿敢于在集体面前大胆地分享自己所知道的事情。

（3）运用游戏的形式，让幼儿在快乐中认知。

今天活动中的各个游戏是相辅相成、层层递进的。只有玩好了前面的游戏，才能继续后面的游戏。

● 点芝麻游戏——利用儿歌的形式。

在活动一开始，需要帮助幼儿观察并感知揭盖盒上哪里是中间、哪里是上面、哪里是下面。可是怎样才能既自然地引出这些方位，又能引起幼儿的兴趣呢？我选择借用《点芝麻》的儿歌，一边念儿歌，一边点。但是我发现儿歌念下来，打开的盖子总是在相邻的位置，无法保证上面、下面、中间都有一个盖子打开。于是我调整为儿歌归儿歌念，点芝麻归点芝麻，保证儿歌念完，正好点在教师预设的位置。经过试教我又觉得这样点，失去了点芝麻游戏的初衷，同时也使儿歌变得很牵强。于是，我又进行了调整，增加了"芝麻开门"的口令，使得点芝麻的游戏更有趣，幼儿不会念儿歌，但都学会了"芝麻开门"。同时念"芝麻开门"的时候点揭盖盒，保证第一次能点在中间，第二次点在下面，第三次点在上面，可以帮助幼儿积累揭盖盒的方位经验，为后面活动的内容打下基础。

● 翻翻乐游戏——和水果宝宝打招呼。

看过大揭盖盒后，幼儿拿着自己的小揭盖盒也玩了起来。此时，教师要引导幼儿用简单的语言说出自己看到了什么水果，如"苹果苹果你好，香蕉香蕉你好"；盖上盖子时还要说"苹果苹果再见，香蕉香蕉再见"。这种看看、说说的方式，特别适合小班幼儿，通过语言幼儿可以记忆自己看到的水果，同时简单有节奏的语句，也能激发幼儿翻翻乐的兴趣。

● 找朋友游戏——从幼儿的需求中来。

经过翻翻乐后，幼儿能记住这些水果吗？一开始我们心中也打了一个问号，因为成人在翻的时候会有意识地记忆，而幼儿在翻的时候并没有特别地去记忆，只是在认识水果。可结果却出乎我们的意料，幼儿能说出大部分的水果在哪里。那在这个过程中我们是怎样去引导的呢？

首先，从最简单的水果和方位开始，激发幼儿找朋友的兴趣。所以我在第一次提问幼儿水果的位置时，选择了苹果。它作为幼儿最熟悉的水果出现在最中间的位置，便于幼儿识记。

其次，利用儿歌的形式，增加游戏性，让幼儿在玩的过程中积极寻找水果在哪里。

最后，让幼儿做游戏的小主人，不是由教师选择找什么水果，而是一起找自己喜欢的水果。这样从幼儿出发，更贴近幼儿的情感，可以帮助幼儿感知揭盖盒的方位。

今天只是揭盖盒中一个主题的集体活动，我们还可以根据班级所开展的不同主题选择不同的图片，开展不同的活动。可以是集体教学活动，也可以是个别化学习活动，目的是为了让幼儿自主积累体验主题的内容，并用自己的方法探索记忆的不同方式。

活动评析

"甜甜的水果"这一活动对小班幼儿来说有一定的难度，因为它要求幼儿要有逻辑性地进行语言表达，特别是要表述跟方位有关的词汇。平时在涉及方位时，幼儿总喜欢用"这个""那个"，配上一定的手势来表述，因为准确清晰地表述方位是比较难的。

这也就体现了这一活动的设计很巧妙。教师所利用学具是一个九宫格，降低了幼儿表述方位的难度，再加上教师的手势，幼儿就可以相对简单地将物品的方位表述出来。因此，这样的情境设计可以推动活动目标的达成，即记忆后表述方位。

对于幼儿来说，教师所设计的游戏情境一开始就具有神秘感。幼儿从大的揭盖盒中看到其中藏着很多水果，又通过小的揭盖盒自己动手操作。这样既激发了幼儿的兴趣，也满足了幼儿思考和表达的需要。在活动中我们可以看到，教师用大的揭盖盒作为示范，主要让幼儿来说，锻炼其表述的能力，又用小的揭盖盒让幼儿来玩，满足他们想要动手操作的愿望，最后再回到大的来记忆位置。

从我个人的理解上，这一活动中各个环节的内在的逻辑联系不够紧密，它们之间是散点状的，而不是线性的，因此这是一个需要进一步讨论的问题。

此外，补充几点揭盖盒的其他玩法。

第一，揭盖盒下面实际上可以放入任何的图片，因此在选取图片时，教师可根据当前主题或幼儿的相关经验,自主选择放置的图片。

第二,可以将揭盖盒的两个盖子关联在一起,让幼儿打开两个盖子后才得到一个完整的图片。例如,长颈鹿的头和身体就可以作为两张图片放在揭盖盒的不同位置,让幼儿来探索与发现。

第三,为了让幼儿同时记住两种以上的物品,也可以将揭盖盒的两个盖子进行匹配。例如,一个放置锅盖的图片,另一个放置锅的图片,让幼儿感知其中的关系。

（陈　青）

扫一扫,获取现场
活动视频

数字游戏（大班）

宋 艳

活 动 目 的

1. 运用已有的数序以及数字比大小的经验，用逻辑推理的方法，参与猜数字的游戏。

2. 体验数字排列的奇妙有趣。

活 动 准 备

幼儿用的数字卡片、游戏底板和示范用的大数字卡片。

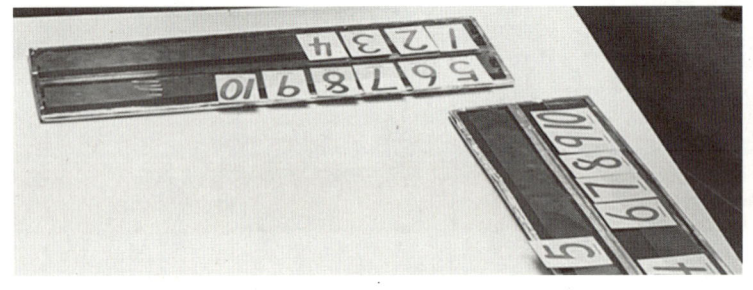

图1　　　　　　　　　　　　　　图2

活 动 过 程

一、游戏：藏数字（运用已有的数序经验，参与猜数字游戏）

　　1. 教师藏数字，幼儿猜数字。（数字1—5无数序摆放）

　　规则：幼儿闭上眼睛，教师藏掉其中的1个数字，幼儿数到3睁开眼睛，猜猜是哪个数字躲起来了。

　　提问：猜猜少了哪个数字？你是怎么猜出来的？

记住原来数字的位置和数字的顺序都可以猜出是哪个数字躲起来了。

2. 教师藏2个数字,幼儿猜数字。(数字1—8无数序摆放)

提问:猜猜哪些数字躲起来了?这次你是怎么猜出来的?

小结

用了刚才的方法,你们很快就能推算出哪些数字躲起来了,所以数字的排列顺序是很有用的。

二、游戏:找数字(运用已有的数字比大小的经验,根据给出的信息进行推理找出数字)

1. 介绍游戏玩法。

这里有1、2、3……10,共10个数字。我说出一个条件,你们根据条件找出数字插在上一排中。

2. 幼儿每人1份数字卡片和游戏底板,玩游戏。

第一次:找出比4大的数字。

提问:比4大的数字是几?一共有几个?

小结

比4大的数字不是只有一个数字,而是有很多的数字。我们在找比4大的数字时,只要找排在数字4后面的所有数字就好了。

第二次:比6小的数字。

提问:比6小的数字一共有几个?分别是几?

比6小的数字只要找排在数字6前面的所有数字就好了。

第三次：出示图卡。（比9小、比3大，如图3所示）

提问：

（1）这张卡片什么意思？上面的箭头表示什么？

（2）比3大、比9小的数字一共有几个？分别是几？

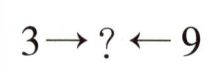

图3

找比3大、比9小的数字时，只要找出排在3和9之间的所有数字就可以了。

三、游戏：猜数字（运用找数字的经验，根据给出的信息进行推理猜数字）

1.介绍游戏玩法。

这里有1、2、3……10，共10个数字，里面只有1个数字是我心里想要的，请你们来猜是哪个数字。

2.幼儿共同猜数字。

根据幼儿的回答，如果正确，教师回答"对了"；如果不正确，教师作出"大了"或"小了"的回答。

提问："大了"说明往哪里猜？在哪些数字当中猜？"小了"可以往什么地方猜？在哪些数字当中猜？

猜数字的时候，如果听到"小了"，就要猜比这个数字大的数字，即往大猜。如果听到"大了"，就要猜比这个数字小的数字，即往小猜。

3.继续游戏。

再进行游戏(根据幼儿的游戏情况,逐步增大所猜数字的范围),让幼儿熟悉猜数字的方法。

四、活动延伸

游戏:说数字。

规则:回到班级之后,可让幼儿说说生活中的数字有哪些排队的方法,如电影院座位、学号、医院排号等。

想一想

1. 活动中的各环节之间的内在逻辑是怎样的?

2. 比4小的数字,幼儿会找出几个? 如果只找到了1个呢?

3. 猜数字时,教师还可以怎样回答幼儿?

活动反思

数字1—10对于幼儿来说并不陌生,他们的生活中处处可以看得见这些数字。到了大班阶段,幼儿对于数字排列的顺序也有所了解,并且1—10的数轴幼儿心里也十分清楚,不再需要直观的呈现。可是有一次,我请学号为5号到10号的幼儿去喝水时,我问他们应该有几个小朋友去喝水呢? 幼儿却并不知道答案。从他们的反应中,我发现对于"数字区间的范围"这个概念,幼儿的理解是存在问题的。针对这一问题,我设计了"数字游戏"这个活动。在游戏中之所以选择数字卡片作为学具,是因为数字卡片在幼儿园十分常见,我想用最简单的学具做最朴素的活动,在活动中引导幼儿运用已有的数序及数字比大小等经验进行推算,帮助幼儿理解数字区间、数段等概念。

这一活动的重点是了解某一数段之间会有什么数字,了解某一数字在数序中的排列位置。对于大班幼儿来说,活动的难点在于如何运用数序和数字比大小的经验,推算出1—10这个数段中的某个数字。基于对于活动重难点的分析,我在活动中设计了三个环节,前面两个环节实际上是为最后一个环节做准备。

第一个环节是"藏数字",它旨在引导幼儿运用记住数序和数字位置的方法,猜出教师藏

图4

掉的数字，从而对1—10的数序熟悉起来。在执教过程中，我第一次没有打乱白板上的数字，是为了让幼儿通过数字位置进行推算；第二次打乱了数字原有的顺序，是为了让幼儿通过数字原本的数序进行推算。

第二个环节是"找数字"，它旨在让幼儿根据教师给出的信息进行推理，了解找到给定数段中相应数字的办法。之所以设计这一个环节，是因为不是每个幼儿都知道数段中包含了很多数字，在找数字时，有的幼儿一开始只会找出与目标数字相邻的那个数字。这个环节要告诉幼儿的，就是一个数段中包含了多个数字。另外，在这个环节的最后，我让幼儿找出3—9之间的数字时，并不是用口头语言的方式，而是采用了卡片符号。原来教师都是只说大小，幼儿有很直观的概念，但在没有语言的情况下，我希望幼儿能够理解箭头和问号的意思，开始认识符号。

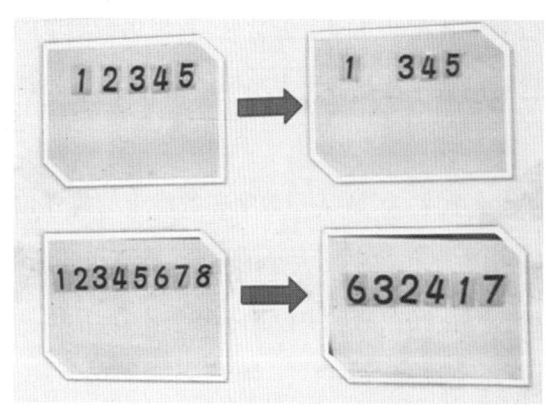

图5

第三个环节是"猜数字"，它旨在让幼儿学会根据教师给出的提示，在一定范围内选择可能的数字。这个环节是以前面两个环节为基础的，如果没有前面两个环节作为支撑，幼儿在猜数字时会盲目地乱猜。而有之前的环节作为铺垫,幼儿可以很好地进行这一游戏,并且在游戏的后期,教师可以完全退出游戏过程,让幼儿自己出题自己猜。

这个数学活动以锻炼幼儿的逻辑思维为主,不需要很多前期的经验准备,但是可以充分调动幼儿的积极性,同时也帮助幼儿积累了数学经验,使他们在游戏中不断推动自身发展。

活动评析

"猜数字"这一活动的目标指向非常清晰,即用逻辑推理的方法来玩猜数字的游戏,注重在游戏中锻炼幼儿的逻辑推理能力。可以看到,教师在开展活动之前就对幼儿的经验进行了非常准确的分析,这一点体现在活动中三个环节的关联上。幼儿要用活动中教师所引导的方法猜数字,一定会用到两个方面的思维:一个是对数字的把握;另一个是对数字范围如何缩小和变化的把握。基于这样的分析,教师设计了三个环节的游戏,而前面两个游戏实际上是为最后一个游戏中范围的变化缩小做前期的经验准备。

从教师设计活动的角度而言,在第一个游戏中,教师所设计的学具对幼儿以相应的思维方式来理解游戏有很大帮助。这一游戏的关键在于让幼儿根据数序来猜数字,在游戏过程中教师也始终在关注幼儿是否是根据数序进行猜测的。在第二个游戏中,教师用到的学具是数字板,要求幼儿以数字板为依据,找出比某个数字大的所有数字和比某个数字小的所有数字,最后再找出位于两个数字之间的所有数字,它旨在让幼儿习得了大小和中间的概念。通过以上两个游戏,幼儿积累了数序及数字范围的变化的经验,为进行第三个游戏打下了基础。在第三个游戏中,幼儿在猜数字时教师给予的回应是"大了"或者"小了",实际上这种回应就是将之前得到的游戏经验运用于这个游戏中,让幼儿练习运用相应的思维方式解决问题。

从幼儿的角度而言,幼儿在第一次和第二次游戏中,的确理解和学习了两种思维方式:一种是根据数序来判断数字位置,另一种是根据范围来找出数字。而最后幼儿也在第三个游戏中对这两种思维方式进行了很好的运用。

最后补充一点,在本次活动中,教师对幼儿猜测的数字是以"大了"或"小了"回答的。除此之外,还可以哪些方式回应幼儿呢?

举个例子,教师回答是或否,幼儿可以进行延伸提问:

(1)是单数吗?是双数吗?

（2）比某个数字大吗？比某个数字小吗？

（3）数字中有圈圈吗？数字像小鸭子吗？

这种回应方式可以在大班下学期进行，引导幼儿关注数字的更多方面，习得更多数学经验。

（陈　青）

扫一扫，获取现场
活动视频

巧用学具，使数学活动游戏化

段旖旎

我曾和教师做过一个小小的互动，按以下的问题依次举手：（1）在班级中组织过数学活动的；（2）在数学活动中使用过学具或游戏的；（3）在数学活动中将游戏和学具相结合的；（4）巧用学具使活动充满游戏性、效果佳的。在互动的过程中，教师举起来的手越来越少了……

由此可见，我们虽然很普遍地在数学活动中使用学具，但却很难做到利用学具使数学活动活起来，而往往陷入使用学具削弱了数学游戏的趣味，开展数学游戏又使学具形同玩具的两难境地。将数学学具利用游戏形式在活动中使用并取得良好效果并非一件很容易的事情，为此我们开展了"如何在数学活动中运用学具，提高数学活动的有效性"的实践尝试。

一、对数学学具的再认识

数学学具就是把数学中的知识点转化为生活中的认知的媒介物，是实现教、学、玩合一的物化载体。更通俗地说，数学学具就是内含数学要素的操作材料。

（一）数学学具的分类

数学学具可以分为利用玩具或日常生活材料制成的学具和专门为幼儿学习数学设计的学具两大类。

1.利用玩具或日常生活材料制成的学具。

例如在"老狼老狼几点了"这一活动中，教师选用的大小不同的塑料圈就是运动领域的材料。教师利用圈的大小和数量变化设计了很多问题，使幼儿始终跟着圈的数量变化和规则变化在不断思考。

又如幼儿在生活中经常会遇到的纽扣，就可以用来玩很多数学游戏。最常见的就是让幼儿按颜色、形状、大小、材质、纽洞数量等对纽扣进行分类，还可以让幼儿用一样的纽扣来比较轻重。

再如在自然测量的时候,幼儿绘画用的水彩笔可以变成测量工具,首尾相接,测量距离;在排序的时候可以按颜色、方向进行排序(红黄蓝、红黄蓝、正反正反等);还可以将彩笔插入水彩笔盒中玩对应比较的游戏,看看空位是不是能够一一对应,从中发现数量的多与少;还有用箱子、吸管、剪刀等进行活动。这样的实例数不胜数。

2.专门为幼儿学习数学设计的学具。

例如本讲中出现的图形套筒、数字卡片、揭盖盒等,可以运用它们来进行数量、对应、排序、方位、分类等的学习。

(二)数学学具的价值

1.帮助教师了解幼儿当前的认知发展水平。

在非正式活动或个别化学习活动中,教师常常会选用一些数学学具给幼儿自己操作,并观察幼儿的操作过程。其实,教师正是通过对幼儿的行为以及他们对学具的操作能力的观察来解读幼儿的发展水平的。比如中班学具"5只猴子",5只猴子同时具有6种不同的外部特征,需要幼儿找出其中的不同,并根据一个特征进行排序。幼儿在操作中表现出来的能力各异,有的只能找出2—3种特征,并以此排序;有的幼儿能够找出5—6种特征来排序;还有的幼儿甚至能逆向排序,或是自己发现新的隐性特征并进行排序。教师通过观察可以发现大部分幼儿根据猴子的某一种明显特征进行排序时的不同层次,也可以发现幼儿的最大困难是按照某一特征进行排序时,要同时排除其他特征的干扰。之后,教师根据幼儿的表现再设计相关内容的集体教学活动时就有了依据,设计的活动也更能够符合幼儿的学习需求。

2.帮助幼儿获得相关数学经验。

数学学具必须通过幼儿的摆弄才能发挥它的作用,而幼儿在与数学学具互动的过程中则能够积累一定的数学经验和认知概念。例如,数的组成是大班幼儿需要学习的内容。那么,幼儿的组成经验怎么有效地积累呢?为此,教师会设计相关的学具材料,比如装有小珠子的盒子,教师在盒子中间放一个隔断。幼儿在自由摇动盒子的情况下,将盒子内的珠子自然分在左右两边,随后数一数左边有几颗珠子,右边有几颗珠子,并做相应的记录。幼儿在一次又一次的操作中慢慢地知道了4可以分成1和3,2和2或3和1。这样的数学经验不是教师教授的,而是幼儿在操作中自己获得的。

(三)利用数学学具开展教学时的小误区

误区一是认为用了学具的数学活动就是游戏化的数学活动。教师都知道幼儿在操作中能发挥其学习的积极性，因此，为了让幼儿动起来，就给幼儿一些学具。与此同时，教师自己并没有深入研究该数学学具中的元素，对使用的学具的内涵也缺乏深入理解，从而造成活动中生硬的拼凑，为了玩游戏而使用"学具"。

误区二是认为从头至尾都用学具的数学活动就是游戏化的数学活动。使用学具是数学教学的手段，目的是为了达到预设的教学目标，因此学具是为教学目标服务的，绝不能为操作而操作。为了求课堂氛围，教师常常会设计许多情境丰富的环节，将整个活动从头到尾用各种学具串联起来，看上去非常丰富。实际上，很多时候幼儿一个接一个操作，一次接一次地进入了教师预设的一个又一个游戏情境中，但这些游戏本身是割裂的。虽然过程中幼儿也会进行练习，但他们所习得的不是真正需要的知识，最终也不能促使教学目标达成。

二、巧用学具，加强数学活动的游戏性

数学是学习内容，学具是学习工具，游戏化是学习形式，如果将这三者紧密有机地结合，一定会充分发挥学具的作用，更能提高幼儿学习数学的兴趣，也能使学习效果事半功倍。我们在实践中尝试了以下做法。

第一，学具与幼儿的生活内容相结合，使之情境化。

如在"甜甜的水果"这一活动中的揭盖盒，它所包含的数学元素有：方位、对应、序列等，结合图卡内容还能积累逻辑关系、记忆等方面的经验。因此，我们就将这一游戏与幼儿的生活经验相结合。

在小班初期幼儿很喜欢做小司机，也对开车乘车有相关经验，教师就可利用揭盖盒设计为汽车出厂检测的数学活动内容，目标指向对方位的认识和表述：联系小汽车出厂时必须经过多道检测关卡，利用揭盖盒按不同方位模拟小汽车到不同的房间中检查的情形；联系小汽车出场之后需要按交通信号灯来开车，又将三色信号灯隐藏在揭盖盒的不同位置上，进一步对应方位。这样可以使幼儿一直沉浸在司机的角色中，自然而然地达成了数学认知目标，让活动有趣而有效。

此外，我们还可以将学具使用有机融入主题中。入园两三个月的小班幼儿，对于幼儿园和教师有了一定的熟悉度，此时班级活动主题正巧进行到秋天，内容与水果有关。教师可以较好地将揭盖盒和水果融合在一起，创设"水果躲猫猫"的游戏情境，让幼儿在猜测水果躲在哪里的同时，对方位有更深入的理解。

小班下学期，我们还可以直接使用揭盖盒学具中的图片，开展有关对应关系或记忆的游

戏。如妇女节的时候,结合妈妈的主题,利用卡片开展小动物找妈妈的游戏。卡片上有小蝌蚪、青蛙等动物宝宝和动物妈妈,先请幼儿记住有哪些动物宝宝,哪些动物妈妈;接着将卡片插入揭盖盒,请幼儿记住每个动物所处的位置;然后盖上盖子,用游戏的口吻问:"都躲好了吗? 我们要去找妈妈咯!"游戏开始后,揭开一个动物宝宝上的盖子,询问:"小蝌蚪你好,你的妈妈在哪里啊?"幼儿回忆青蛙的位置,并用语言表达出来。幼儿说完后,打开幼儿所描述位子的盖子,进行验证。

这样一来,揭盖盒在不同的情境中充分发挥了不同功能,体现了不同的数学元素,使幼儿非常尽兴地沉浸在情境中。而富有游戏性、挑战性的教学情境,激发了幼儿参与操作活动的兴趣,使幼儿从听指令操作的被动学习转变为主动学习,同时也实现了"情境中学习""游戏中积累"的整合。

第二,利用学具设定不同的规则,开展数学游戏。

教师如果没有引导幼儿关注学具中所隐含的数学元素,很多幼儿在最初接触学具的时候就会仅拿来当玩具,或因不知道该怎么玩而只看不动。因此,我们在投放学具时必须思考将数学元素与哪些情境相结合,或开展怎样的游戏,以及在游戏中如何设计引导性的问题或情境,让幼儿在解决问题中了解规则,进行有目的的操作,以此激发幼儿"自我操作,快乐学习"的内部动机,有效推进幼儿在使用学具中获得认知发展。

例如,大班集体教学活动"老狼老狼几点了",在最初游戏时,教师提供了6个小圈,给6名扮演小羊的幼儿,结果老狼没抓到小羊。接着提出"同样是6只小羊,但圈的数量分别为5个、4个和3个时,需要什么样的圈"的问题,结合"大小不同,羊圈住数量不同小羊"的规则,使幼儿发现每个圈住进的羊数量越多,所需要圈的数量就越少。在第二轮游戏中,教师请10名幼儿扮演小羊时,引导幼儿进一步思考:应该怎样选择圈的大小与数量,用最少的圈保护所有的羊。在这一游戏中,随着情境的变化,游戏的规则也在不断更新,每一个新问题都能激发幼儿的好奇心,引发幼儿思考如何灵活运用数的组成、加法运算等数学经验,并在猜测求证的过程中一遍遍地游戏,乐此不疲。

又如"三角对对碰"的游戏。该学具上有数字、点子、题目等不同的形式。幼儿可以先从最简单的点对点、数对数开始,之后过渡到点、数、题目对应。之后还能根据幼儿的预设自主增添规则,幼儿可能会玩出只能题目对题目,或连接数比答案多1、少1等自定规则,以此比较谁用的三角片数量最多。由于此类游戏规则和最终胜负的不确定性,随着游戏的推进和拓展,幼儿就有了一遍又一遍做游戏的兴趣。

第三,挖掘学具内涵,小步递进使教学功能渐渐深入。

数学知识具有一个严谨有序的结构链,它不能跳跃式行进。幼儿对数学概念的理解有自然的发展过程,因此数学学具中所隐含的数学内涵和元素一定不是单纯的唯一指向。这就需要教师在设计集体活动时,结合数学知识,不断地对学具从纵向推进和横向拓展两方面深入挖掘,将刚性的教学目标变为弹性的目标,使要求逐步深入,同时满足不同发展水平幼儿的认知需要,从而保护幼儿学习的积极性和主动性,帮助幼儿在原有基础上提高。

(1)横向拓展。例如小班幼儿使用学具“套盒”,教师将套盒比喻为各种不同形状的房屋,里面住着许多不同大小的形状宝宝,创设形状宝宝出门和回家的情境,激发幼儿的好奇心和玩套盒的兴趣。在游戏中,幼儿从最初发现一个套盒中住着许多形状宝宝(1和许多),到分辨形状宝宝的大小;从让他们回家(比较大小),到用不同的方式给形状宝宝排队(排序);从小区里只有圆形房屋,到有圆有方还有三角形房屋(图形分类)。在这样的情境中,每个幼儿都能有所收获。

(2)纵向推进。例如小班数学活动“铺小路”,其目标是:引导幼儿进一步分辨图形,有粗浅的分类意识。教师创设了下雨之后,路面积水,路上铺了很多的石头“图形”的情境,启发幼儿踩着石头走路,一边走一边说自己踩在什么样的石头上(大大的圆石头)。在活动中,教师启发幼儿自主选择不同的石头,鼓励幼儿讲述不同图形的特征。分类意识较弱的幼儿只要说出颜色、形状、大小、位置等要素中的一个即可,已有较强分类意识的幼儿可以在鼓励下说出石头的二维、三维的特征,甚至是更多的特征元素。幼儿发现石头有不同的说法,走石头的方法也就越来越有变化。这一活动既可以面向全体,又能够兼顾个体差异。

通过不断的实践探索,我们感到数学活动情境化、游戏化是最适合幼儿数学学习的方式,而数学学具正是帮助我们实现数学活动情境化、游戏化的物质条件。只要教师充分挖掘学具的数学功能,牢牢把握幼儿活动的特点,不断从幼儿身边挖掘生活素材,着手探索怎样在游戏化、情境化的环境中,按照幼儿的数学学习需要巧用数学学具,就能让数学学具成为幼儿数学学习中不可多得的好帮手,也能使数学活动更有效。

因此,在利用学具教学时,建议我们在每实施一个教学行为前,多问问自己:“这个学具中究竟有哪些数学功能?”“它能和什么样的情境相结合呢?”“这样的结合有数学元素吗?合理吗?有趣吗?”多问几个问题,我们的教学一定更精彩!

挖掘学具中的数学知识

1.选择下面的一种数学学具,探讨其中包含的数学知识点:

数形包(小班)　钉子板(中班)　瓢虫组(大班)

2.思考:

(1)所选的学具怎样与幼儿的生活内容和已有经验相结合?

(2)如何设计富有情趣的、情境化的、游戏化的活动内容?怎样在过程中达成数学活动的教学目标?

第四讲

生活中
处处有数学

·导 读

　　此讲基于"强调整合、回归生活"的数学教育理念，提出了让幼儿学习有价值的数学、让数学活动与幼儿的实际生活发生联系的观点。此讲中所展示的三个活动，均与幼儿的生活经验息息相关，也借此倡导只有让幼儿感到数学就在身边，才能够激发他们学习数学的兴趣，使他们产生学习数学的动力，从而更积极主动地投入数学活动中。

找椅子（小班）

蔡春梅

活动目标

1. 在找椅子的游戏中,尝试用一一对应的方法分组比较物体的多少。

2. 试着自己解决游戏中的小问题,体验与同伴一起做游戏的快乐。

活动准备

1. 经验准备:幼儿事先学会儿歌。(铃鼓,铃鼓你真灵,敲的声音真好听,叮铃叮铃敲起来,找个椅子来坐定)

2. 物质准备:椅子6把、铃鼓1个。

图1

活动过程

一、引起兴趣

1. 出示铃鼓,回忆儿歌。

2. 告知游戏玩法:边念儿歌边走,儿歌念完,就找一把椅子坐下。

二、幼儿游戏

1. 第一次游戏:5把椅子,5名幼儿。(感受人和椅子一样多)

（1）提问：每个小朋友都找到椅子了吗？

（2）追问：椅子有没有多出来？小朋友有没有多出来？

小结

1个小朋友坐1把小椅子，小朋友和椅子正正好好，不多也不少，就是小朋友和椅子一样多。

2. 第二次游戏：5把椅子，4名幼儿。（感受人少椅子多）

（1）提问：小朋友都找到椅子了吗？小朋友和椅子比，哪个多？哪个少？

小结

现在椅子多，小朋友少。

（2）提问：有什么办法让椅子和小朋友一样多？

（3）幼儿想办法，教师随机按照幼儿的办法进行一一对应的比较、验证。

（4）提问：现在椅子还多吗？人还少吗？

小结

搬掉了1把椅子（请上来1个小朋友），现在小朋友和椅子正正好好，一样多。

3. 第三次游戏：5把椅子，6名幼儿。（感受椅子少人多）

（1）提问：小朋友都找到椅子了吗？椅子和小朋友比，哪个多？哪个少？

小结

现在小朋友多，椅子少了。

（2）提问：有什么办法让小朋友和椅子一样多？

（3）幼儿想办法，教师随机按照幼儿的办法进行一一对应的比较、验证。

小结

教室里的椅子可多了,再搬1把就解决问题啦! 现在椅子和小朋友正正好好,一样多。

1. "找椅子"这个活动中所涉及的显性和隐性的数学经验分别有哪些?
2. 活动中,椅子的数量和幼儿的人数应该怎样进行对应和设计?

● 活动反思

　　"找椅子"这一游戏紧张又刺激,可以说是幼儿百玩不厌的游戏之一。但是在以往的游戏中,教师总是在发起游戏时直接告知幼儿,先拿5把椅子上来,再请6位小朋友一起做游戏。于是,幼儿在游戏时将全部的注意力都放在了倾听音乐,并在音乐停止的一瞬间快速坐椅子的动作上。他们在游戏过程中只是满足于找椅子的刺激,却并不对此加以思考。相应地,几乎没有教师会在游戏中询

图2

问幼儿"为什么没有找到椅子",或者"如果每个小朋友都要找到椅子,应该怎么办"等问题,多数的教师仅仅把这一游戏当作一个普通的游戏来玩。但是,教师可以仔细问问自己,这个游戏是不是蕴含着数学元素? 如果是,蕴含的是什么数学元素?

　　围绕着这些问题,我对游戏进行了认真的分析,希望能够挖掘出这一游戏中显性及隐性的数学元素。通过分析可以发现,"找椅子"这一数学游戏中,显性的数学元素非常明显,即"一一对应"和"数量比多少",它要求幼儿在反复找椅子的过程中,理解人和椅子之间的数量对应关系。同时,有的幼儿在游戏中通过数数发现椅子多了或少了的事实,也就引申出了这一游戏中隐性的数学元素——"6以内的点数"及"手口一致数数"。基于这些发现,我认

为可以利用"找椅子"游戏来设计一节数学活动，这一活动源于幼儿日常游戏中的问题，最后落脚在引导幼儿运用数学元素解决游戏中的问题，让数学真正活起来。

在设计活动时，活动的环节安排经历了一再的修改（见表1）。

表1 "找椅子"活动设计的修改

第一次设计	第二次设计
5把椅子，6名幼儿（感受人多椅子少）	5把椅子，5名幼儿（感受人和椅子一样多）
5把椅子，4名幼儿（感受人少椅子多）	5把椅子，4名幼儿（感受人少椅子多）
5把椅子，5名幼儿（感受人和椅子一样多）	5把椅子，6名幼儿（感受人多椅子少）

在第一次的设计中，一开始的游戏设定便是人多椅子少，这样会引发的状况是：小班幼儿很激动地找椅子，最后没有找到椅子的幼儿会非常沮丧，甚至大哭不止。这时，教师往往会安慰幼儿："你下次速度快一点就能找到椅子了。"这样的话语也给幼儿一种心理暗示，即是由于速度快慢的原因而导致每次都有人找不到椅子。实际上我们知道，这并不是游戏背后真正的原理。

为了避免给幼儿带来错误的认知经验，也为了能够更好地关注小班幼儿在游戏时的心理状态，我调整了活动设计，使之呈现为表格中所显示的样子。调整后的活动设计意图是让幼儿先感受数量上的一样多和一一对应，再感受椅子比人多，让幼儿有了适应的过程之后，最后再进行人多椅子少的游戏。此时，幼儿已有了先前问题解决的经验积累，自然而然能够明白导致游戏结果的原因，也能够尝试寻找解决问题的办法。

此外，幼儿游戏的过程始终伴随着相关的儿歌，活动的要求是儿歌结束，幼儿必须找到椅子坐下。有了这首朗朗上口的儿歌，教师可以自然而然地将游戏规则引入其中，便于小班幼儿理解。同时，这首儿歌也能起到激发幼儿的兴趣，调动幼儿的情绪，让幼儿积极投入游戏的作用。

在执教时，我的关注点不仅在于活动中数学元素的渗透，也在于让幼儿在游戏中自己寻求解决问题的办法。

《指南》非常关注幼儿的自主学习，提倡让幼儿自己去发现问题、解决问题。那么小班幼儿是否具备这种能力呢？从教学过程中不难发现，只要教师相信幼儿，并适时适宜地抛出问题，幼儿就会有办法。比如在这一活动中，当我向幼儿提问"怎么总是有一个小朋友找不到椅子"时,有的幼儿认为可以"再搬一把椅子",有的幼儿认为可以"少一个小朋友做游戏"。当幼儿提出了这些方法之后,我再和他们一起通过游戏来验证方法是否可行,让幼儿在反复的验证中自己悟出答案,而不是被教师告知答案。

在这个游戏之外,我在和幼儿一起进行数学游戏的过程中还有以下两点感想。

第一,教师可以关注生活游戏与数学的融合。很多日常游戏中都蕴含着丰富的数学元素,幼儿在游戏时可能会注意到它们,但往往是在无意识的状态下,也不会对它们追根究底。因此,教师应当观察幼儿的关注点,将数学教育自然地渗透在幼儿的游戏中,让幼儿潜移默化地学习。比如教师可以将中班幼儿常玩的"老鼠笼"游戏设计为数学活动,让幼儿比一比哪只老鼠得到的粮食多。到了大班,教师也可以借助这一游戏开展与数的运算相关的活动。

第二,在游戏中融入数学的元素。有些游戏蕴含的数学元素非常明显,而有些游戏虽然有趣好玩,其本身却没有数学元素的体现。那么教师可以怎么做,才能为好玩的游戏也赋予数学认知的元素呢? 举个例子,在"炒黄豆"中,教师可以结合幼儿的年龄特点将点数、数数的内容融入其中。又如在"玩骰子"中,教师可以在骰子的每个面上贴上图形、数字等的图片,让幼儿尝试仔细观察,寻找相同的图片。

总之,教师要有一双善于发现的眼睛和借助游戏开展数学活动的敏感度,使幼儿爱上数学,感受数学学习的乐趣!

活动评析

"找椅子"是一个很亲切、很家常的活动。作为一个数学活动来说,幼儿学习了"1和许多"之后,就可以进一步感受新的数学概念,即——对应的概念。这一概念对于小班幼儿来说很重要,它不仅是一种数学概念,更是一种数学思想。在幼儿刚开始参加——对应的活动时,并不会把它当作是一种方法,而更多的是学习数量上的关系。因此,他们会数一个,对一个,以这种方式来学习。但是,当数量不断增加之后,幼儿就会发现通过数不再能够很容易地确定对应关系。此时,——对应的思想就会帮助幼儿理解这种关系,对幼儿的发展有很大帮助。

在今天的活动过程中,教师对活动的开展表现出了很好的驾驭能力。对于——对应这个数概念,教师用语言给出了清晰的解释和指导:一个对一个,如果没有剩余,那就表示一样多;一个对一个,如果有剩余,那就表示什么多了,什么少了。

但是，教师在教学设计上还可以再加以优化。举个例子，在活动开始的时候，教师将幼儿请上来，然后简单问幼儿："前面的小朋友和椅子，哪个多，哪个少？"这个问题得到幼儿的回应并不多，很大程度上是因为教师的设计和提问方式的关系。小班幼儿可能不明确教师所指的"幼儿"究竟是指自己还是别人，也不知道教师所指的"椅子"，是否包含自己坐的椅子，因为教师并没有对台上和台下的椅子在材料选择上作任何的区分。这种不明确可能会导致幼儿无法回应教师的问题，也因此告诉我们，教师在活动设计、指导语组织和材料选择上都应该更为明确，让幼儿更便于理解活动。

　　另外，在原本的教学设计之外，还可以考虑增加一次延伸活动，比如在台上放几把椅子，让幼儿去请对应人数的幼儿坐椅子。这是一个让幼儿应用在之前环节中习得的经验的过程，幼儿只有理解了一一对应，才能够知道请的人多了或少了。所以，这样一个简单的延伸环节，也是对之前环节的评估。它让我们能够站在儿童全面发展的角度，整合地实施我们的目标和要求。

（吴月萍）

扫一扫，获取现场
活动视频

厨王争霸赛（大班）

朱超波

活动目标

1. 利用已有的数的组成经验进行配菜游戏,体验数学游戏的快乐。

2. 感受中国菜的美妙,感知食材搭配的丰富性。

活动准备

1. 经验准备:"萝卜蹲"游戏的游戏经验、中国菜相关主题经验、儿歌。(叮咚叮,叮咚叮,厨师开始配菜了。配什么菜,配什么菜,×个食材×元的菜)

2. 材料准备:音乐、PPT课件、菜牌、呼啦圈、《舌尖上的中国》视频。

图1

活动过程

一、认食材（认识食材）

今天老板要通过厨王争霸赛来寻找一些很棒的厨师。

提问:1. 什么是食材?　2. 这些食材的名字叫什么?

小结

食材是能够做成美食的材料。你们都能叫出这些食材的名字,所以恭喜你们全部过关!

二、食材蹲（记忆食材）

游戏规则：大厨选好食材挂在身上，站到圈里，以食材名称蹲，蹲的速度越来越快。

三、配菜游戏（运用数的组成配菜，感受中国菜搭配种类的丰富）

1. 第一轮：总价5元的菜。

（1）提问：菜牌数字代表什么意思？

（2）游戏规则：根据儿歌，想菜名。（叮咚叮，叮咚叮，厨师开始配菜了。配什么菜，配什么菜，2个食材5元的菜）

小结

好的中国厨师配菜，速度快，名字好听，价钱算得准。

---

2. 第二轮：总价6元的菜。

（1）游戏规则：根据儿歌，和不同的食材搭配，配好到圈里，检查总价，想菜名。

（2）提问：当无法配成的时候，可以有哪些调换食材的方法？为什么？

小结

优秀的中国厨师在需要调换食材的时候会先找朋友，再思考价格，最后动手换食材。

---

3. 第三轮：总价7元的菜。

游戏规则：根据儿歌，思考自己搭配的方式（可以去菜场换一次食材），配好到圈里，检查总价，想菜名。

四、选出小厨王

真正的厨王除了厨艺精湛,更有一颗聪明的脑袋和善良的心。所以,本次厨王争霸赛你们全部都是最棒的。

1.“厨王争霸赛”这个活动意图给幼儿带来哪些方面的经验?这些经验是怎样相互融合及呈现的?

2.在活动第二关,给食材命名的设计意图是什么?应该怎样引导幼儿命名?

 活动反思

“厨王争霸赛”是一个在主题背景下的游戏化的数学集体教学活动。活动通过一系列的游戏,逐步推进幼儿数学核心经验的学习。幼儿在游戏中学习,在学习中游戏。我在活动的选题、内容以及组织形式上有以下几点思考。

图2

(1)来源于主题,让核心经验回归生活。活动的主要灵感来源于5—6岁幼儿学习活动中“我是中国人”主题下的素材点“学烧中国菜”。根据《指南》中幼儿数学学习活动“能通过实际操作理解数与数之间的关系”的目标,以及大班上学期幼儿数学核心经验的学习要求,我将活动的第一目标预设为“利用已有的数的组成经验进行配菜游戏,体验数学游戏的快乐”。活动一开始以当时所有幼儿最耳熟能详的纪录片《舌尖上的中国》作为导入,过程中让幼儿在为“中国人”“中国菜”而自豪的同时,将对数的组成经验的运用贯穿于整个配菜游戏中,使幼儿的数学核心经验与他们当下的生活经验相连接。

（2）层层递进,引发幼儿深度学习。整个活动以3个关卡,5个游戏逐步开展,层层推进。第一关是让幼儿认识每一个食材的名字,调动幼儿已有的生活经验,为幼儿在后续配菜游戏中给菜肴取名进行铺垫。第二关是通过一个游戏的形式让幼儿对同伴和自己的食材进行刻意的记忆,为幼儿在配菜游戏中的菜肴搭配进行铺垫,同时发展幼儿的记忆能力和反应能力。活动前两关是以游戏的方式为幼儿后续的配菜游戏进行前期的铺垫,同时挑战设置较为简单,使游戏的开展以循序渐进的方式进行。第三关是配菜游戏的主体环节,环节中设置3个配菜游戏,分别从核心经验与合作意识方面逐步递进。游戏中,幼儿配菜的价格依次从5元,递增到6元、7元,在递增的过程中幼儿从利用现成的菜牌配菜到必须合作替换菜牌才能进行配菜。幼儿的学习过程是从易到难、循序渐进的。

（3）趣味游戏,构建体验式学习方式。趣味是引发幼儿学习动机的重要因素,因此本次活动采用了游戏的形式,使幼儿在整个活动中,始终保持比较高涨的学习兴趣。过程中,由"萝卜蹲"游戏所改编的"食材蹲"游戏,旨在以活泼有趣的方式让幼儿相互熟悉彼此的食材。几轮游戏之后,幼儿对食材名称也就熟悉了。而配菜游戏则使用了一个非常朗朗上口的说唱式儿歌,同时依托饭店大厨配菜的游戏情境,在活动的过程中自然而然地渗透数的组成经验。幼儿通过参与一个个有趣的游戏,不断地运用自己的数学核心经验,而且在运用的过程中发现问题、解决问题,在巩固原有经验的同时,又通过游戏互动丰富了新的经验。

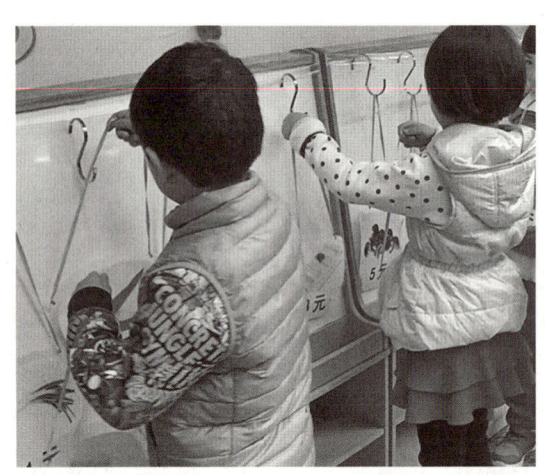

图3

活动评析

"厨王争霸赛"这个活动,来自"我是中国人"的主题。这一个主题中有一个部分是"多彩的民间活动",其中就包括了学烧中国菜的教育内容。今天这个活动正是在这一主题背景下开展的一节集体教学活动。同时,这还是一节数学活动,根据《指南》中的要求,幼儿尝试配菜的过程,就是在学习数的组成的过程,是习得数的组成的经验的过程。

那么，在有关民俗文化的主题下，这一活动所呈现的对数的组成的学习，是怎么样的呢？其实，平时我们有很多关于数的组成的活动：在内容上，很多教师只是限于教会幼儿一个数可以分成两个部分，两个部分可以合成一个大数；在教学方法上，很多教师会用花片、黑白棋子、小木棍等实施和完成活动，很大程度上是作业式地、形式化地让幼儿获得相关经验。在这个基础上，好一点的教师会告诉幼儿，一个数有好几种分法，然后再在实践中帮助幼儿找到好的分法，最后通过碰球游戏、找朋友游戏加以复习。

反观我们今天的活动，远远不止如此。配菜的活动要求与幼儿的生活紧密结合，在配菜的过程中，幼儿也可以自然而然了解数的组成的经验。同时，这种经验也不再局限于两个部分数可以合成一个大的数，而是两个，甚至两个以上的数都可以合成一个更大的数。以上这些经验都是幼儿结合配菜的需要自然获得的，这就是今天的活动和以往的主题教学和数学活动最大的差异：将教学活动与幼儿的生活经验结合在一起。

可以看到，《指南》教会我们应该怎么去学，主题经验告诉我们应该学些什么，而这个活动则告诉我们应该怎么去开展学习活动。具体来说，在《指南》的指引下，生活中的生活逻辑和数学领域的数学认知逻辑有机地结合在一起，以此让幼儿获得经验，然后再让幼儿带着这些经验回到生活。这样的学习是为了让幼儿有更多的数学眼光和数学思维方式，让幼儿能够更好地去看待这个世界。

在上述的教学设计下，教师在教学中将配菜这个情境贯穿始终，落实了主题所需要的经验。但是，有三点问题想提出来和大家一起思考。

第一，整合教育的落实问题。在配菜结束之后，教师让幼儿为自己配的菜取一个好听的名字，很多幼儿仅仅是将食材的名字列举成了菜名，比如：黄瓜炒黄豆。我们一直提倡教育的整合性、主题的落实性，命名是在数学活动之外，为幼儿提出了语言上的要求。因此，命名的活动应该是简单报出菜的名字而已吗？我们不能把命名仅仅作为一个噱头或者幌子，而是要在这个过程中有机地渗入语言的要求，让幼儿真正地为自己配的菜起一个大家喜欢、自己也喜欢、听上去还好听的名字。这才是能使命名成为整合教育多方面落实教育目标的一个部分、一个亮点。

第二，在活动中，我们对幼儿提问的语言和方式问题。在今天的活动中，有些问题会让人觉得是在考幼儿，让幼儿来猜测教师心里想要的东西。比如，在活动开始前问幼儿："你们猜猜今天要玩什么游戏呢？"对于这个问题，活动都还没有开始，幼儿怎么会知道呢？又比如，教师在展示图片时问幼儿"什么是食材"，以及"菜上的数字用两个字表达是什么"。对于幼儿来说，"食材"这个词他们平时很少用到，第二个问题的答案"价格"也不是他们经常会使用的词汇，因此很多幼儿都回答不出来。类似这样的提问，教师都是在有意、无意地考幼儿，结果是幼儿真的被考倒了，但这绝对不是我们想要的。因此，在集体教学活动中，教师提问的语言和方式都需要仔细斟酌。

第三，活动中数学元素的把握和呈现问题。在配菜的环节中，教师在口头说出这一环节应该配几元的菜后，就让幼儿自行开始配菜。于是，幼儿开始热火朝天地讨论交流和尝试解决问题。但是在这个过程中，一些幼儿说着说着就会忘记这一环节到底是配几元的菜，进而变得手忙脚乱。因此，教师可以在配菜的时候，把这一轮的总价呈现出来，用电子屏幕或者纸质卡片都可以，这样能够给幼儿一个数学元素的呈现，让他们对此更有把握。

总体来说，我们现在的数学活动，要放平心态，让数学活动回到幼儿的生活经验当中，从而更好地为生活服务。

（吴月萍）

扫一扫，获取现场
活动视频

蔬菜馆（大班）

宋 艳

活动目标

1. 有兴趣运用数的组成经验玩"烧菜"的游戏，体验集体游戏的快乐。

2. 了解蔬菜可以有不同搭配的吃法，知道多吃蔬菜对身体有益。

活动准备

1. 印有常见蔬菜以及其价格（蔬菜的价格除了数字表示外，还有相应数量的硬币图案提示）的胸牌，同时胸牌的数量超过参与活动的幼儿人数（单一品种蔬菜价格在4元以内）。

2. 呼啦圈若干，3元的价格牌一个。

图1

活动过程

一、买菜（蔬菜品种多，引入食材概念，激发幼儿对于游戏的兴趣）

提问：1. ××厨师，你买了哪种菜？为什么买××菜？

2. 小厨师，有没有发现今天菜场里都是什么菜？（蔬菜）

小结

蔬菜的品种真多呀！样子各不相同，颜色又漂亮，还有不同的口味和功能。多吃蔬菜营养好，决定了，我们的饭店就叫"蔬菜馆"吧！

二、游戏：烧菜（运用数的组成的经验游戏，体验集体游戏的快乐）

（一）厨师试菜（熟悉游戏的玩法）

提问：1. 厨师菜烧好了，你们烧的菜符合老板要求吗？（是否为2种蔬菜烧的菜）

2. 饭店里的菜都有菜名，你们烧的菜叫什么菜？说说菜名，一起尝味道。（尝好味道把蔬菜挂回自己的脖子上）

小结

小厨师真棒，烧出了符合老板要求的菜，而且烧出的菜既好吃又好看。我们的蔬菜馆可以开张营业咯！

（二）厨师第一次烧菜（运用数字3的组成烧菜）

提问：蔬菜馆开张，老板接到了第一笔订单，谁知道我接到的订单要烧什么菜？

顾客要吃价格3元的菜，烧3元的菜。

提问：1. 哪些菜是符合订单需要的，也就是正好是3元的菜？我们可以端上桌。太贵的顾客买不起，太便宜的我们赚不到钱，这些不符合订单的菜我们不能端出去。

2. 符合订单的菜，我们报一报菜名，几元和几元的蔬菜烧在一起是3元的菜？是哪一种3元的菜？

（三）厨师第二次烧菜（运用数的组成经验烧菜）

烧比3元贵的菜。

（四）厨师第三次烧菜（运用数的组成经验烧菜）

用2种蔬菜烧成比3元贵的菜，如果幼儿手上的价格不能组成指定要求的菜，则幼儿可选择更换蔬菜的胸牌。

1. 活动中的几个环节是如何在难度上层层递进的?

2. 当2名幼儿的数字配不成指定价格时,应该怎样继续推进?

活动反思

在设计"蔬菜馆"的时候,我首先分析了主题中幼儿所积累的生活经验和已有数学经验:大班幼儿在"我是中国人"的主题中,积累了中国菜要具有色香味的生活经验;在"有用的植物"主题中,幼儿也有极为丰富的生活经验,知道蔬菜的名字,了解蔬菜的外形特征,能区别素菜、荤菜,了解它们的味道以及功效;在中班"周围的人"主题中,有了厨师这个职业要做些什么事情的生活经验;同时在小班时幼儿就已经认识数字,积累了这方面的数学经验。经过分析,我把这些内容都整和到了活动中,将幼儿已有的这些经验贯穿于整个教学过程中,设计成生动、真实、幼儿可亲身体验的模拟生活场景——"小厨师烧菜"。

这个活动是由小厨师去菜场买菜、尝试配菜以及为顾客烧菜的情境线索串联起来的。由于每种菜有不一样的价格,小厨师在烧菜的时候就需要根据菜价来烧菜,如:同样是3元,

图2

有的幼儿用1个品种的菜烧成1个菜,有的幼儿用2个品种的菜烧,有的是将3个品种的菜烧成1个菜。在反反复复配菜烧菜的过程中,由于幼儿每个人都进了菜(身上挂了菜牌),烧菜过程中他们就成为"数的组成"中的部分数,他们不是在算教师出的题目,而是在自己给自己出题和解答,完成烧菜任务。因此,幼儿参与活动的积极性和自主性大大提高了,在精打细算烧菜的过程中灵活地掌握了数的组成,充分感受到了一个数的多种分拆可能。多次游戏以后,幼儿更直观地感受了数的分合与组成的实际意义,学习数学的价值也就大大体现出来了。

活动评析

"蔬菜馆"这个活动,来自于"有用的植物"主题下"绿色菜篮子"这一教学内容。因此,今天的活动旨在让幼儿利用已有的有关植物的经验,进一步学习数学领域的相关内容。

这个活动和前一个"厨王争霸赛"一样,也是在主题背景下,根据《指南》中数学领域的要求,在生活数学中向幼儿渗透相关的数学经验。整体来讲,这两个活动都体现了数学活动的有趣和有用,提醒教师数学活动要紧扣幼儿的生活经验。

这就是数学,我们当下的数学,往往倾向于生活数学或者数学的生活化。数学活动游戏化已经被提倡了很久,并且一直在慢慢发展,在此基础上,现在更强调数学回归生活。它所强调的理念,就是把生活中的东西作为现实的素材,然后把这种素材转化和提炼为可以开展数学活动的经验和认知。需要注意的是,我们说的游戏或生活都不仅仅是一种手段,而应该是课程与教学的重要组成部分。在今天的活动中,生活化的数学让整个活动更有灵性。比如,幼儿在烧菜的过程中,自然理解了一个数由两个数组成,并且理解了数之间的关系。这样的数学活动的实施,唤醒了幼儿数学领域的经验,同时也提升了幼儿的生活经验。所以,可以说"蔬菜馆"这个活动,让我们看到了如何把数学领域的要求、数学经验和我们的生活有机地结合在一起。

除此之外,这个活动还有一个特别重要的价值,作为数的组成活动的重要价值:它不仅能够让幼儿获得数学经验,还可以让幼儿灵活地和多角度地看待问题、思考问题、解决问题。比如,在用两个数进行组合时,如果不成功,幼儿可以尝试换一个数字。这一过程培养了幼儿灵活分析和解决问题的能力,使他们的思维品质能够得以发展。

不过,其中也有一个问题需要和大家共同探讨。在活动的最后环节,当幼儿组合不成功时,可以更换蔬菜。但是,教师是让幼儿分头换蔬菜的,幼儿之间是不是应该有合作呢? 这一点值得进一步考虑。

(吴月萍)

活动评析

对于"厨王争霸赛"和"蔬菜馆",吴老师与大家所探讨的是活动实施过程中的问题与建议。在这里我再与大家探讨一些活动设计时我们所关注的问题。大家所看到的每一个集体教学活动,在前期都经过了用心设计、多次实践和不断修改的过程。在对两个配菜烧菜活动的研磨过程中,我们主要关注了以下方面。

第一,集体教学活动的设计要关注每位幼儿的学习方式和学习特点。

我们常说一个集体活动要让每位幼儿都学有所得,那么应该如何做到这一点呢? 这就要求我们在设计上面向全体幼儿呈现出由易到难的梯度,让不同发展水平的幼儿在整个过程中都能得到逐步的提高。对于能力较弱的幼儿,他们可以在前面的环节中打好基础,在后面的环节中注重吸收;对于能力稍强的幼儿,他们则可以在前面的环节中多加巩固,在后面的环节中得到发展。

"蔬菜馆"这个活动,就很好地体现了由易到难的设计原则。从环节上来说,先是要求幼儿烧2种菜,但没有价格上的要求;再是要求幼儿烧比3元贵的菜;最后要求幼儿烧2种比3元贵的菜。可以看到,环节的要求在逐步提高,由易到难一步步推进,这是在前期设计中教师精心考虑过的。从要求的开放性上来说,这一活动中很多问题是开放的,不同水平的幼儿会有不同的理解。比如,比3元贵的菜,有的幼儿可能仅仅理解为要求是4元的菜,而水平更高的幼儿会知道5元、6元、7元等,都在要求的范畴内。因此,开放性的问题会更适应于不同水平的幼儿。又比如,当幼儿的价格不能组合成指定的数字时,教师给了幼儿更换的权利,这个小的环节也是比较开放的。教师可以在提出更换要求的同时,进一步细化提问:"换1种菜,还是换2种菜?"假如幼儿认为可以只换其中1种,那么应该怎么换、谁来换? 假如幼儿认为2种蔬菜都要更换,那么应该怎样合作更换呢?

第二,集体教学活动要考虑活动的选材,以及有了选材之后,怎样回应教学的目标。

对于配菜烧菜的活动来说,它们已经选取了相关的主题内容并在其中渗透了数学经验。那么,数学领域的内容有了,接下来的重点应该是做什么呢? 其实,数学学习的重点要求不一定完全要落脚在数的组成上面，而应该是定位于运用已有的数学经验解决实际生活中的数学问题，即解决配菜的问题。实际上也正是这样，幼儿在活动中会采用各式各样的方法来解决问题。有的用"1+2=3"的加法方式，有的用"1、2、3"的点数方式，这些都是恰当的，因为幼儿都回应了活动的要求：运用已有数学经验来解决问题。

另外，这是主题综合课程中的数学活动，它本身就蕴含着两方面的要求：一方面要达成我们之前说的数学领域的要求；另一方面要为主题服务，推动主题目标的达成。对于今天的活动来说，它们从属于一个主题，是主题中的一个素材点。这个素材点的存在，就是为了完成主题目标的，而数学教育则是完成主题目标的一个手段。

对于"厨王争霸赛"来说，它的素材点是"学烧中国菜"，主题目标是激发幼儿作为中国人的自豪感。在活动中，幼儿感受到了中国菜肴色香味俱全、品种多样的特点，有了自豪感和幸福感，这是主题活动所要突出的。对于"蔬菜馆"来说，它的重点在于蔬菜。教师所提供的蔬菜，颜色多样、味道多样、营养也丰富，幼儿可以借此明白多吃蔬菜身体好的道理，养成爱吃蔬菜的好习惯。以上这些都是主题背景下的数学活动要关注的，即不仅关注数学目标，更要关注主题目标。这一点也是现在的领域教学活动与过去的分科教学活动最大的不同。所以，我们在有了选材并制定目标时，要兼顾数学和主题两个方面的要求。

（徐苗郎）

扫一扫，获取现场
活动视频

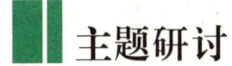

生活中处处有数学

宋 艳

《纲要》中指出："数学教育应密切联系幼儿的生活实际进行。"在日常生活中，幼儿无时无刻不在与数学打着交道，经常会遇到需要运用数学知识去解决的问题。如：玩具的类别、大小、形状、颜色及空间方位；教室里幼儿的多少、高矮及每天的出勤率；户外树木的高矮、粗细、排列的规律等。这些问题正是幼儿数学活动最好的来源之一。"找椅子"（小班）、"厨王争霸赛"（大班）、"蔬菜馆"（大班）三个活动，都是源自幼儿的生活经验，挖掘了生活中的数学元素。不难看出，正是因为数学活动和幼儿的生活实际相联系，才能够让幼儿感到数学就在身边，体会数学的有用性，真正激发他们想要学习数学的愿望，产生学习的动力，从而积极主动地投入到活动中。

一、集体数学活动中生活经验的渗透及运用

基于对新教材中"强调整合、回归生活"这一理念的认同，我们逐步认识到让幼儿学习有价值的数学是十分有必要的。因此，基于这一理念，我们设计的数学活动往往源自幼儿日常生活或游戏中产生的问题，在活动中做到既联系现实生活，又寓教于乐，将数学在真实的生活场景或模拟的真实情境中展开，引导幼儿解决生活中的问题。

例如小班的"找椅子"活动就源于幼儿生活的常规活动，是个现成的游戏。教师抓住其中的数学元素设计活动，目的在于让幼儿在反复找椅子的过程中理解人和椅子之间"一一对应"和"数量多少"的关系，培养"6以内的点数""手口一致数数"等数学能力，通过反复游戏使幼儿运用数学思维找到了生活中椅子和人数不匹配时解决问题的方法。

现今大部分幼儿园的教学活动都是在主题活动中开展的，这就要求教师选择的内容既要与主题相关，又要结合幼儿的生活经验，还要以游戏的形式展开。那么，如何兼顾各方面因素来设计数学活动呢？

下面以两个大班的数学活动"蔬菜馆""厨王争霸赛"为例，谈谈我们主题背景下开展数

学活动的思考与做法。

（一）挖掘主题活动中包含的数学元素，将数学活动与主题活动进行多方面的有机融合

具体来说，"蔬菜馆"与"厨王争霸赛"两个活动存在以下异同点。

表1　本讲中相关活动的异同

活动名称 异同点	蔬 菜 馆	厨王争霸赛
相同点	1. 两个活动都是大班主题（"有用的植物"及"我是中国人"）中的数学活动。 2. 两个活动中所包含的数学元素是一样的——6以内数的组成。 3. 两个活动都以情境游戏的形式展开，让幼儿在游戏中积累了数的组成经验。 4. 两个活动都与幼儿的生活经验密切结合，幼儿所习得的数学经验以后还可以再应用到生活中去。	
不同点	1. 两个活动来自不同的主题，"蔬菜馆"来自"有用的植物"主题，"厨王争霸赛"来自"我是中国人"主题。两个活动积累的有关菜的经验不同，"大厨"所配的菜也不同："蔬菜馆"强调蔬菜的营养价值，活动中配的都是蔬菜；"厨王争霸赛"强调菜肴的中国特色，配的菜就要求荤素搭配。 2. 虽然两个活动所包含的数学经验相同，但是在活动中它们感知数的组成的"密度"是不同的。在"蔬菜馆"中幼儿感知数的组成的"密度"更加大一些，而"厨王争霸赛"的游戏性则更强。	

基于对两个活动的异同点的分析，不难看出，在不同的主题中，有时候会存在相同的数学元素，我们可以在幼儿开展不同主题活动的时候，挖掘相同的数学元素，也可以在幼儿进行同一主题活动时，挖掘不同的数学元素来设计活动。只要注意抓住幼儿在认知和数学思维上的特点，就能做到数学经验和主题经验的互相推动。

（二）分析主题活动中幼儿所积累的生活经验，将数学活动与幼儿的生活经验自然融合

著名数学家华罗庚曾对数学与生活之间的关系有过精彩描述："宇宙之大，粒子之微，火箭之速，化工之巧，地球之变，日用之繁，无处不用数学。"这也就说明生活离不开数学，数学离不开生活。就如在前文所述的两个主题中，幼儿积累了极为丰富的生活经验，如：知道菜的名字，认识菜的外形特征，能区别素菜、荤菜，了解菜的味道以及功效；知道烧中国菜要色香味俱全；了解厨师这个职业要做些什么事情；认识数字。这些生活经验都与数学紧密相关。

因此，我们在设计数学活动的时候，就将这些幼儿已有的生活经验贯穿于整个教学过程中，设计成生动、真实、幼儿可亲身体验的模拟生活场景。

"蔬菜馆"要求小厨师根据菜价来配菜。幼儿选择菜后便成为了数的组成的一部分，在

游戏中不知不觉习得了数的组成的相关经验。同时,幼儿参与活动的积极性也因游戏而大大提高,使得幼儿对学习数学产生了浓厚的兴趣。

"厨王争霸赛"让幼儿和教师在活动一开始便进入了大厨和老板一起开餐馆来配菜的角色情境中,接着几个不同层次的游戏串起了整个活动。游戏"食材蹲"的灵感来源于民间游戏"萝卜蹲",在这个简单而有趣的游戏中,幼儿记住了自己的食材,也了解了同伴的食材,大大提升了他们参与活动的积极性。之后,活动就进入了三个不同层次的配菜游戏,要求大厨在接到老板的配菜要求后必须使用自己已有的数的组成经验进行正确配菜。随着游戏难度的不断递增,幼儿所要用的数学经验也越来越多。在游戏的过程中,我们还加入了儿歌的形式,即老板在音乐节奏下,以儿歌提出配菜的要求,大厨也需要以相同的节奏回应。整个游戏氛围轻快活泼,同时幼儿也能更加清晰地接收到教师提出的游戏要求。

从以上分析中可以看出,教师只有尽量将幼儿的生活经验贯穿于数学活动之中,避免生搬硬套,数学集体教学才能取得较为理想的实效。

(三)增加在数学活动中加入游戏元素的可能性

数学对幼儿来说是相对比较抽象的领域,活动的有趣性是数学教学的基础,只有幼儿感兴趣,教学的有效性才能实现。因此,教师就要尽量将数学概念从抽象转化为具体,将数学活动游戏化。

无论是和民间游戏相结合,还是利用学具展开,或是与主题以及幼儿的生活经验相结合,都是通过游戏化的形式开展数学集体教学。数学活动游戏化可以把数学教育的内容具体化、形象化,枯燥的数学知识就会因此变得有趣,让3—6岁的幼儿更易于接受,从而有效地激发幼儿的学习兴趣,使他们全身心地投入到活动中自主地建构抽象的数学知识,体验运用数学思维解决问题的快乐,使数学活动更加有效和有趣。

二、日常生活中挖掘各种数学元素

数学来源于生活,和日常生活息息相关,只要有心,生活中处处有数学。我们要让幼儿建构起对数学的真正认识,并让幼儿从生活中学到数学知识,就要善于从生活中提炼数学,让幼儿置身于生活世界中,认识到现实生活中蕴含大量的数学信息。

做法一:利用随处可见的日常生活内容。

例如在"苹果和橘子"的主题中,教师让幼儿从家中带来不同的水果,然后就可以用这些不同的水果做分类、数数、比大小、排序、一一对应等活动。如教师把全部水果都放在桌子上,让幼儿说不同水果的名称,或者教师问幼儿:"谁能够找出苹果(或其他水果)来?"这样的活动不仅能让幼儿熟悉不同水果的特征,更能使他们在不知不觉中建立初步的类的概念。这时,教师可撇开其他水果,就某一水果提出以下问题:"这里有多少苹果呀?""这些苹果长得一样吗?""能不能找出最大的苹果?""最小的苹果在哪里?""我们一起给苹果排排队吧。"在玩玩、讲讲的过程中,让幼儿感知"许多"这个数量概念,感知物体大小的不同,学习点数的方法。这样能够使幼儿发现生活中的数学原来是如此有趣、富有魅力,对于提高幼儿应用数学知识的能力和增强幼儿学习的积极性都十分重要。因此,在日常生活中我们可以随机地引导幼儿学习数学,使幼儿在没有思想负担的情况下,自然、轻松、愉快地获得一些粗浅的数学知识,从而激发幼儿学习数学的兴趣。例如在带领幼儿散步的过程中,教师可以利用幼儿对于落叶的兴趣,引导幼儿通过分类的方法收集整理落叶;在"面包店"的角色游戏中,教师可以帮助幼儿通过比较的方法区分出塑料袋属性(大小、厚薄、材质等)的差别,并与所装的物品之间建立起联系,即大塑料袋装多的东西,厚塑料袋装重的东西等;大班毕业的时候可以带领幼儿用"倒计时"的方式提醒动作慢的幼儿抓紧时间。如果我们经常有意识地引导幼儿感知日常生活中的数学,长期潜移默化地对幼儿的数学能力加以培养,定能使幼儿有兴趣地关注现实生活中的各种数学现象,提高幼儿的观察、分析和概括能力。

做法二:利用信手拈来的物品。

生活中各种物品随处可见,在它们身上都可以挖掘出数学元素来展开游戏。例如,家里的各种瓶瓶罐罐,收集起来也能玩三个回合的游戏。

第一回合:保龄球。

1. 用10个瓶子或罐子当保龄球瓶,将它们摆放在相应位置,在距离这一位置1.5米处画一条起始线。幼儿用力将小皮球向保龄球瓶的方向抛出,随后数一数小皮球撞倒了几个保龄球瓶。反复多次游戏,积累数数的经验。

2. 统计一下,看看战绩如何?

大班幼儿可以进行减法练习。如:10个保龄球瓶,倒了6个,还有4个没倒。口头说出算式:$10-6=4$。还可以根据幼儿的年龄及手部力量情况,改变小皮球的大小或增加保龄球瓶到起始点的距离。

第二回合:考眼力。

1. 将瓶子或罐子摆成一排,考考幼儿的眼力和记忆力。

悄悄地将其中2个瓶罐交换位置。让幼儿睁开眼睛看一看:"第几个和第几个的位置交换了"。

2. 刚开始玩游戏的时候,瓶罐的数量或品种不宜过多,可以从4个瓶罐开始玩。随着幼儿记忆能力的提高可逐步增加瓶罐。

第三回合:变图形。

1. 围图形:用瓶子或罐子围合成各种图形,理解图形的特征。

可摆出正方形、长方形、圆形、梯形……

2. 用规定数量的瓶罐拼搭出各种图形,看看最多能拼搭几种图形。

总之,数学来源于生活,又为生活服务。许多数学问题往往与现实生活有紧密的联系,我们必须正确把握现实生活与抽象数学之间的本质联系,让幼儿感受数学与现实生活的关联,体会数学的价值,增进幼儿对数学的理解和应用数学的信心。

 **任务体验**

各种各样的笔

1. 思考:找找幼儿生活中一些常见的物品中隐藏的数学元素(如:瓶子、盒子等),尝试利用这些数学元素设计幼儿可以玩起来的游戏。

2. 操作:利用自己的笔,围绕数、量、图形与空间、逻辑与关系这四个方面,分别设计可以让幼儿玩起来的活动。

第五讲

幼儿

数学学习核心

经验解读

·导 读

　　此讲从3—6岁幼儿在数学学习与发展中的核心经验出发，通过对幼儿数学学习核心经验是什么、如何发展、有哪些关键点等问题的解读，结合核心经验在幼儿园教学活动中的运用，提倡教师在教学活动中关注幼儿核心经验的发展。

小兔吃萝卜（小班）

袁 放

活动目标

1. 能按数取物，并正确目测或点数萝卜的数量。
2. 在游戏中提高点数的兴趣和对数的敏感性。

活动准备

骰子1个、塑料大圈3个（内有玩具萝卜若干）、玩具小兔若干、分别贴有数字3和数字4的台历牌。

图1

活动过程

一、扮小兔，吃萝卜

1. 介绍规则：教师扮演兔妈妈，幼儿扮演小兔子。教师和幼儿轮流投骰子，投到几就吃几个萝卜。

2. 提问：

（1）投到了几？要吃几个萝卜？（投骰子）

（2）小兔子,数一数是不是有这么多胡萝卜?

二、喂小兔,赢小兔

1. 介绍游戏情境:这里有几只小兔子也想要吃萝卜,每个小兔子前面有一个小圈。

2. 规则:

（1）投骰子,扔到几,就在小兔子前面的圈里放几只萝卜。

（2）萝卜到了一定的数量小兔子就吃饱了,少了吃不饱,多了吃不下,要正正好好。

（3）每个幼儿有1次投骰子的机会,谁可以让哪只小兔子正好吃饱,就可以把小兔子抱回藏在小椅子的下面。

3. 第一轮游戏。(每只小兔子要吃3个萝卜)

（1）提问:

你扔到几? 要拿几个萝卜?

你觉得这些萝卜给哪只小兔吃,它正好吃饱呢,为什么?

（2）主要关注:

幼儿是否正确目测或点数3个萝卜。

幼儿是否理解游戏规则。

4. 第二轮游戏。(每只小兔子要吃4个萝卜)

（1）提问:

看一看(数一数)是4个萝卜了吗?

怎么放这些萝卜才能有小兔子吃饱呢,为什么?

（2）主要关注:

幼儿是否正确目测或点数4个萝卜。

幼儿是否能掌握让小兔子吃到萝卜的方法。

每一个环节背后涉及的是哪些数学核心经验?

活动反思

这一活动所涉及的幼儿数学学习与发展的核心经验，是按数取物和手口一致点数。在以往的很多数学活动中，虽然它们指向的核心经验非常明晰，但是活动却总是教师教、幼儿学的过程。这种方法非常死板，对于幼儿来说其实是不合适的。越是年龄小的幼儿，越需要在情境中理解和习得核心经验。基于对幼儿特点和核心经验的分析，我将本

图2

次活动设计为一个游戏化的数学活动，让我所设置的游戏情境贯穿始终，使幼儿不会感觉是在上课，而认为是在做游戏，并在游戏中自然而然地习得有关数学的核心经验。

通过这样的思考和设计，可以看到在游戏的过程中，幼儿能够投入其中，他们非常想赢得小兔子，也因此更加积极地思考和游戏。当幼儿遇到一时不能解决的问题时，教师也不必操之过急，可以让幼儿之间互相帮助、互相学习，最终他们总能够自己找到解决问题的办法。在这个过程中，教师所预设的目标就可以慢慢地、渗透性地得以实现。

活动评析

这个活动中几个环节各自指向的幼儿数学学习与发展的核心经验有以下几个方面。首先，幼儿扔骰子，扔到几，就吃几个萝卜，这一设计所指向的是按数取物和按物取数。其次，在幼儿将萝卜放进圆圈之后，要数一数圆圈中有几个萝卜，这一设计所指向的是手口一致点数和目测数。最后，教师在与幼儿确定萝卜是否够小兔子吃时，采用画圆圈的手势让幼儿说出圆圈中萝卜的数量，这实际是在向幼儿传递总数的概念，并引导幼儿说出萝卜的总数。

以上这些是在教学之前，教师就已经预设了的、希望幼儿能通过本次活动有所学习和发展的数学核心经验。在教学中，教师所要思考的，就是在明确活动的核心经验之后，应该采用怎样的形式，让幼儿学习得更快乐。"小兔吃萝卜"活动，采取的就是数学活动游戏化的方式。比如说，在活动中我们能看得到的幼儿掷骰子、喂萝卜、领小兔子回家是外在

的活动过程,其目的是让幼儿学会按数取物、按物取数、手口一致点数、说出总数。因此,在游戏化的数学活动中,显性的是教师所设计的游戏情境,隐性的是关于数学的核心经验。这两者结合在一起是有难度的,很多教师在讲故事的时候可以讲得很生动,但是涉及核心经验的时候,又会从游戏的情境中跳出来,用比较刻板的形式来进行小结。其实教师不应该在活动中特意向幼儿强调核心经验,而是要用渗透的形式让幼儿不断感知数学,从而掌握核心经验。

总之,在集体活动中,我们更多要思考的是集体活动背后的意义是什么,我们要看到幼儿的前期经验在哪里,也要看到通过一次活动后幼儿的经验又能发展到哪里。在这一基础上,通过游戏化的形式,将核心经验、游戏和教学很好地整合在一起。

(徐雅萍)

扫一扫,获取现场
活动视频

田鼠太太的粮仓（大班）

陆 燕

活动目标

1. 在不同的空间组合的表征中体验数量8的守恒。

2. 尝试用数学语言表述方位。

活动准备

1. 经验准备：幼儿已经具备空间方位的概念。

2. 材料准备：PPT课件、每组积木若干、图片、记号笔。

图1

活动过程

一、出示田鼠太太的图片，引入活动

1. 创设情境：田鼠太太上次为了买项链，一点过冬的粮食都没有了，现在它要早早地开始准备粮食了。

2. 介绍背景：看，它把粮食都放进了一个个箱子里，让田鼠宝宝来帮忙把这些箱子搬进储藏室里，并放起来。

3. 引出问题：田鼠宝宝一个叫大大，一个叫小小。它们俩开始帮妈妈搬箱子，它们都搬了很多箱子，可到底谁搬得更多呢？大大和小小你一言我一语地吵开了，都争着说自己搬得多。

二、出示图片,激发幼儿的操作欲望

1. 提问:你们来帮忙看看它们俩谁搬得多?(大大搬的箱子是分散的,小小搬的箱子是叠在一起的)

2. 变换情境,并提问:这次谁搬得多呢?(大大、小小的箱子都是叠起来的,但两堆箱子的形状不同)你是用什么方法知道的?

原来不管箱子分散还是叠在一起,我们都可以运用数数的方法知道箱子的数量。

3. 变换情境,并提问:它们又来比赛了,看看这次是谁搬得多?(大大把箱子叠在一起,变成两层,小小的箱子是一前一后排的)

4. 变换情境,并提问:大大和小小又搬了一堆箱子,这次会是谁搬得多呢?(这次大大和小小的箱子都是叠起来的,但两堆箱子的形状、高度不同)

箱子叠放在一起的时候,我们可以一层一层地数数,或者一排一排地数数。

三、幼儿操作,自行探索数数的方法

1. 提问:田鼠太太自己也搬了许多箱子堆在一起,你们知道每一堆有多少箱子吗?

请幼儿两人一组,根据图片,一人用数学语言表述,一人进行堆放,之后交换操作;堆放后,数一数每堆有多少箱子,并在图片下做好相应的记录。

2. 分享交流,逐一出示图片。

教师(或个别幼儿)进行实物操作演示。

许多箱子堆在一起,我们可以一层一层地搭或一排一排地搭。

3. 教师用数学语言表述,幼儿进行堆放。

**小结**

今天,我们数了那么多堆箱子,其实每堆箱子都是8个。原来8个箱子可以排列出这么多不同的形状,虽然它们有时候看上去多,有时候看上去少,但数量都没有变。

四、延伸活动

在个别化学习活动中进一步探索数量的守恒。

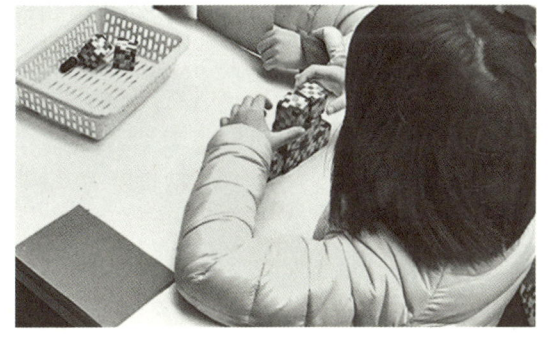

想一想

1. 这一活动在有关空间方位的核心经验上,与以往的活动有哪些不同?

2. 在两人合作的环节中,幼儿会有怎样的表现,教师应如何对此进行引导?

● 活动反思

当前所呈现的这一版本的教案,实际上已经是经过了数次修改之后的版本。在最初设计这一活动之时,它所着眼的关键点是让幼儿在观察、比较和操作中提升数数的能力,尤其是提升在不同空间方位或有遮挡的情况下数数的能力。之后在多次的试教中,基于对幼儿已有经验水平的分析,最终还是将本

图2

次活动的数学核心经验落脚在空间方位上,因为这会给予幼儿更大的帮助与提升。

本次活动的难点在于第三个环节,即两人合作进行拼搭。我发现,幼儿在游戏的过程中基本能够准确地说出空间方位,但是根据语言来拼搭对他们来说还是有一定的难度。当然,这对于幼儿来说是一种很好的锻炼,可以让他们充分地认识、理解和掌握空间关系的概念。在执教的过程中,即使幼儿没有非常充足的前期经验准备,还是能在活动中有不错的表现。对于进行描述的幼儿来说,他们能够较为准确地用数学语言来描述图片中相关物体的方位;

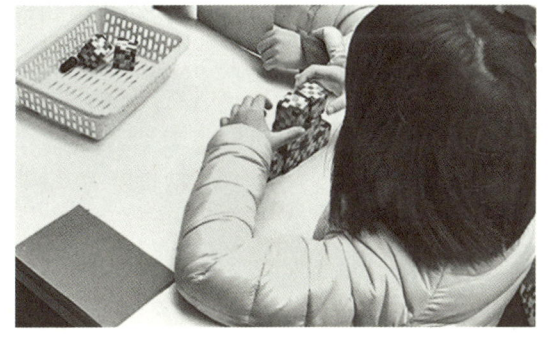

对于动手操作的幼儿来说，他们也能够尽量在对方数学语言的提示下进行拼搭。虽然在这一过程中，幼儿还是避免不了直接用手的指点来说明方位，但是这也是幼儿学习过程中非常自然的现象。我尽量提醒和引导幼儿，希望他们能够慢慢地牢固掌握有关空间方位的经验。

活动评析

这一活动所涉及的核心经验非常明晰，即与空间方位相关的经验。但与以往的空间方位活动不同的是，这一活动不仅是让幼儿对物体的空间方位有所感知、能够推理，还要求幼儿能够用正确的数学语言将这些上下、左右、前后等空间关系准确地描述出来，这也是当前《指南》背景之下，非常重要的一种数学能力。

具体来看活动中幼儿的表现，在最后一个环节中，幼儿两两一组，一个幼儿根据图片说，另一个幼儿根据指示搭。那么，这对幼儿提出了怎样的要求呢？实际上，它要求幼儿首先要准确理解各空间方位之间的关系，只有这样，才有了表达的可能，才能够将图片中物体呈现的形式描述出来；其次对于另外一个幼儿来说，他也要在理解的基础上，对实物进行拼搭。实际操作的过程中，虽然很多幼儿能够将空间方位说出来，但是在拼搭的过程中，还是免不了"直接动手"，即用指和替代操作的方式告诉正在拼搭的幼儿应该如何来操作。这也就告诉我们，作为教师，不仅仅需要让幼儿感知空间方位，更需要让他们有更多用数学语言来描述数学概念和经验的机会。

（徐雅萍）

扫一扫，获取现场
活动视频

图形碰碰乐（大班）

齐 进

活动目标

1. 感受图形拼搭组合的变化，发展空间方位知觉能力。

2. 尝试将三角形装入盒中，在图形的移动、翻转、拼接中，体验图形变化的乐趣。

活动准备

1. 经验准备：幼儿认识三角形、正方形、长方形，并会正确对它们进行命名；幼儿有图形拼搭的经验。

2. 材料准备：图形卡片若干、三角形若干、几何图形底板 3 个（三角形、正方形、长方形各 1 个）、磁性板 1 块。

图1

图2

图3

一、说说图形（目的：巩固幼儿对图形的认识）

展示图形卡片，让幼儿指认并对它们命名。

1. 提问：这里有许多图形卡片，你能说出它们的名称吗？

2. 提问：转动图形卡片，你还认识卡片上的图形吗？（边说边变换图形的方向）

转动卡片，图形方向改变了，但形状是不会改变的。

二、拼搭图形（目的：感受图形拼搭组合的变化）

1. 介绍游戏：图形碰碰乐。

（1）介绍规则：根据儿歌指令，用相应数量的三角形拼搭组合出新图形。

碰碰乐、碰碰乐，×个三角形碰碰乐；你碰我、我碰你，碰在一起真快乐。

（2）要求：

① 听清楚"几个三角形碰碰乐"。

② 一个三角形的一条边和另一个三角形的一条边必须全部"碰"（重合）在一起。（出示边没有完全重合的三角形，请幼儿说一说"碰到了吗""要怎样才算碰到"）

③ 三角形"碰"在一起后，马上回到座位上。

2. 第一次游戏（2个三角形拼搭）

师幼一起念儿歌，同时进行图形拼搭，拼搭后交流，教师记录拼搭的结果。

（1）提问：2个三角形碰出了什么图形？ 还能碰出什么图形？

（2）小结：原来2个三角形碰一碰，能碰出和自己不一样的图形。（正方形、比自己大一点的三角形和平行四边形）

3. 第二次游戏（4个三角形碰碰乐）

师幼一起念儿歌，并进行图形拼搭，拼搭后互相交流，共同记录拼出的图形。

（1）提问：多几个三角形碰在一起,结果会怎样,你觉得能碰出什么图形呢？（鼓励幼儿猜测）

（2）提问：4个三角形碰出了什么图形？（三角形、长方形、平行四边形、梯形）

小结

真神奇,4个三角形转转转能碰出更多的图形。

（3）提问：同样用4个三角形拼出的长方形（三角形或梯形）,拼的方法可以不一样吗？

三、图形装盒（目的：运用图形拼搭经验解决问题）

教师拿出几何图形底板（三角形、长方形、正方形）

1.问题情境：三角形想回家了,这里面只有一个才是12个三角形的家,要把这12个三角形不多不少、正正好好全送回家,你觉得哪一个才是它们的家？请说说理由。

小结

大部分小朋友都认为"三角形"是12个三角形的家,因为它们都是三角形,也有的认为是正方形（或长方形）,我们来试一试。

2.幼儿操作：幼儿轮流将三角形送进"家中"。

小结

三角形的家太大,再多几个才行；正方形的家又太小,12个三角形住不下；长方形不大不小,正好是12个三角形的家。

四、延伸活动

长方形是12个三角形的家,其他的图形可以是12个三角形的家吗？比如梯形、平行四边形行不行呢？我们以后再去试一试。

活动反思

这一活动所指向的数学学习与发展的核心经验，是图形与空间的相关概念。在活动中，幼儿通过亲身参与和动手操作，尝试用三角形拼搭出不一样的图形，从而理解各式各样的图形是如何变出来的。

对于大班幼儿来说，他们基本上能够理解本次活动中的游戏规则，即在拼出新图形时，三角形的边和边要完全重合在一起。基于这样的游戏规则，幼儿在自主操作的过程

图4

图5

中，发现通过三角形的转动，同样的几个三角形可以拼搭不同的图形。即便如此，让大班幼儿一次性拼搭出所有的图形还是有难度的。在用2个三角形进行拼搭时，幼儿拼搭的过程比较快，拼搭出3个图形也比较快。但是在用4个三角形进行拼搭时，拼出平行四边形和梯形对于幼儿来说是有难度的。这时，就要注重对幼儿的引导。比如，当幼儿已经拼出了平行四边形和梯形中的一个时，可以不用将三角形打乱从头再来，而是引导幼儿在原有图形的基础上，尝试想象改变哪些部分后，可以得到一个新的图形。这不仅可以帮助幼儿拼搭出另一个有难度的图形，对于促进他们空间思维的发展和对图形的理解也是十分有帮助的。

活动评析

这一活动所指向的核心经验是图形的翻转，基于此衍生出了"2个三角形可以碰出哪些形状""4个三角形可以碰出哪些形状""大的三角形、正方形和长方形，哪个才是12个三角形的家"等一系列问题。

解决这些问题的关键，是要了解和明晰三角形相碰的规则，即边碰到边，并且完全重合。对于这一规则，教师在活动的过程中向幼儿给出了非常明确的说明和演示，只有这样幼儿才能够理解规则，并且将其运用于后续活动中。对于教师来说，要清楚地解释这一规则，自身要对图形的翻转和组合有非常清晰的概念，这是开展这一类活动的基础。由此更进一步地说，在开展与核心经验相关的活动时，教师一定要对核心经验有准确的把握。特别是对目前普遍有所欠缺的空间方位、图形翻转的概念，教师只有做到自己理解，才能将之用数学语言传递给幼儿。

另外，在数学活动中，教师要给幼儿自主尝试和学习的机会，要尊重幼儿探索的过程。在活动中的最后一个环节，幼儿要为12个三角形找到它们的家。一开始，幼儿都会认为12个三角形的家一定就是一个大的三角形，对此教师也没有马上予以否认，而是将不同的图形摆出来，让幼儿在动手操作的过程中发现正确的答案，进一步建立图形翻转的概念。

（徐雅萍）

扫一扫，获取现场
活动视频

幼儿数学学习核心经验解读
——以数概念与数运算为例

徐雅萍

对于幼儿的数学学习来说,在学前阶段他们应该获得的最基础和最关键的核心经验有以下几种:集合与模式、比较与测量、几何与空间、数概念与数运算。每一个核心经验都对幼儿数学领域知识的建构提出了不同的要求,起到了至关重要的作用。在本讲的活动中,或多或少都涉及了数概念与数运算这一核心经验。因此,接下来的研讨将以数概念与数运算为例,对幼儿数学学习的核心经验及活动案例进行解读。

一、数概念

数概念具体包括了图1所示的分领域:数数、量的比较、数符号。本讲中的"小兔吃萝卜""田鼠太太的粮仓",就涉及了数概念中的按数取物、按物取数、手口一致点数、说出总数、目测数等概念。

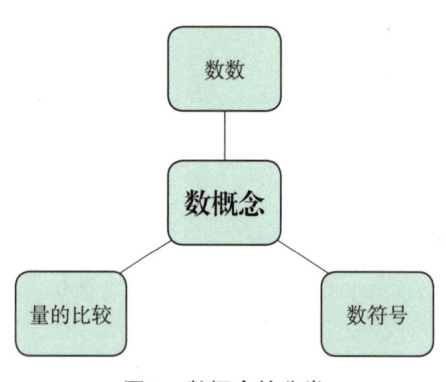

图1　数概念的分类

数概念存在于生活中的各个方面。比如,自然角中教师会让幼儿养一些小蝌蚪用来观察。幼儿用手指一个数一个,最终数出一共有几只小蝌蚪的过程,就是手口一致点数的过程。同样是在自然角中,教师在对应的植物旁边贴上"5个水壶"的标志,就是在告诉幼儿,到了浇水时间要为这个植物浇5次水,其中渗透着数符号的思想。到了大班,教师还可以进一步做植物日历,向幼儿示意喜欢干燥环境的植物需要几天喝1次水,喜欢湿润环境的植物需要几天喝1次水,这其中都包含着丰富的数概念。

1. 数数。

数数可以用来确定一个集合中物体的数量,它是一种有目的、有手段、有结果的活动:其目的是确定集合中物体的数量,其手段是通过一些数数的方法和策略,其结果则表现为数字的形式。幼儿数数能力的发展是一个渐进的过程。而唱数、点数、目测数等,则是其不同的数数方法和策略。

数数是一种极为复杂的认知活动,它涉及视觉、动觉、记忆、语言等方面的活动,以及个体对这些活动的组织和协调。幼儿数数能力的发展往往要经历相当长的时间,表1中从低到高依次列举了幼儿数数能力发展的5种水平。

表1　幼儿数数能力发展的5种水平

发展水平	含　义	举　例
固定顺序水平	数数的顺序是有序且始终如一的	能熟练掌握数字顺序 能从任意数开始顺着数或倒着数
一一对应水平	集合中的每个物体,必须且只能点数1次	给小鱼喂规定数量的食物,数1颗喂1颗,喂到规定数量为止
顺序无关水平	集合的总数与点数集合中的物体时的顺序无关	数数时可以从上到下数,也可以从下往上数,数数的方式不作限制,正确数出集合中物体的数量即可
基数水平	知道集合中数到最后的数字为集合的总数	数完一组物体,立即问有几个,能够直接说出总数 按数取物,如请给我5颗糖
抽象水平	在任何可数的实体或非实体集合中表现出以上4种水平	可以数可操作的物体(如糖果、椅子等)和非实体的物体(如观点、主意等)

在上述5种水平的基础上,幼儿数数能力的发展以年龄为线索大致呈现出如下的发展趋势:2—3岁的幼儿能够进行唱数,例如可以从1数到8,但是不明白每个数字的具体含义。3岁时,幼儿开始学会点数,但是点数有时会发生错误。慢慢地,他们可以手口一致点数,即点1个数1个。3岁半左右,幼儿开始在数数后能说出集合的总数。到了4岁,幼儿能够进行目测数和接着数。5岁以后,幼儿能够按群数数。

在幼儿数数能力发展的过程中,他们会表现出以下几种较为典型的数数错误。① 点数错误。手点在某一物体上,数的却是另一个物体,点和数不统一。② 数序错误。点到的物体应该数7,但是却数了其他的数字。③ 对应错误。手指在点,但是口头数的数字不变,例如一直数1。④ 命名错误。对数字的认识不正确,例如把7说成8。

对于幼儿来说,他们数数水平的发展受到多方面因素的影响,计数物体的数量、材料、排列位置、干扰性等都会影响幼儿数数的过程。比如,幼儿会认为颜色深的物体数量少,而颜色浅的多。又比如,幼儿觉得排列得紧密的物体就一定是多的,而排列得宽松的物体则是数量少的。因此,教师在设计活动时,应注意结合幼儿的年龄特点,选择合适的材料发展幼儿的数数能力。

2 量的比较。

数量是集合的一种属性,我们可以用数字来表示不同的数量,这就是量的比较。《指南》也对幼儿这一方面的能力提出了相应的要求:3—4岁的幼儿应能通过一一对应的方式比较2组物体的多少;4—5岁的幼儿应能够通过数数的方式比较2组物体的多少。

对于幼儿来说,量的比较的发展要建立在对数概念的准确把握上。在幼儿还没有理解数字的含义前,每一个数字都只是一个名词,而不是一个量词,量的比较更是无从谈起。因此,在向幼儿呈现数概念时,要避免只是孤零零地呈现数字,而是要直观形象地向幼儿展示数字的真实含义。但是,现在的家长往往不注重这一点,而是只关注让幼儿认识数形。所以,有的幼儿看上去认识6这个数字,却不知道该怎样从一堆糖果里拿出6颗来。

幼儿在进行量的比较时,一般采用4种方法:数数、一一对应、视觉提示、目测数。但是总体而言,量的比较对幼儿来说有一定的难度,5岁以前的幼儿很难自发地进行量的比较。到了大班,这一能力才开始得到较为迅速的发展。

在指导策略上,教师应多从物体排列的方式、物体的数量上来考虑,并通过一定的语言提示来指导幼儿进行量的比较。同时,要注重对幼儿正确的反馈给予积极的、正面的强化。

3. 数符号

数符号的使用有多种方式,且每一种所代表的数学意义都不尽相同,主要有以下几种意义。① 用来表示物体的数量,即基数。② 用来表示物体在数列当中的位置,即序数。③ 用来给对某一集合或物体命名,如车牌号、门牌号中的数字就属于这一情况。④ 用来作为可以衡量或者共享的标准,如温度计上的数字。

综上,数概念包含了数数、量的比较和数符号,针对幼儿在分领域中所呈现出来的年龄特点,教师可以采取一些针对性的支持策略来促进幼儿数概念的发展。首先,教师应提供数概念学习的情境和背景,促进联系和迁移。比如,本讲中的活动都是基于某个情境来开展的，这样幼儿才更容易接受活动所传递的核心经验。在创设情境时，教师可以利用日常生活情境、活动情境、游戏情境、故事情境等，让幼儿在学习时感到熟悉和亲切。其次，教师应依据幼儿数概念发展水平的差异性和特点，提供巩固应用性的活动。最后，教师要关注符号和语言在幼儿数概念建构中的作用，支持幼儿采用多种方式来表征数量。

二、数运算

数运算是理解数与数之间的结构关系及数量变化的一种能力，数运算遵循着一定的原则。具体来说，数运算可以细分为图2中的分领域。

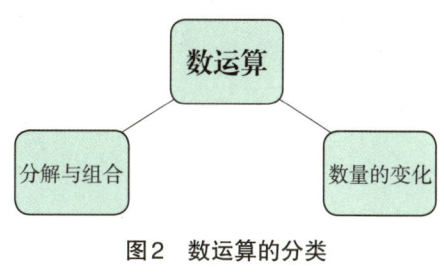

图2　数运算的分类

对于幼儿来说，帮助他们理解集合中数量的变化的重要途径是借助实物或者生活情境。比如，"老狼老狼几点了"这个活动，是运用了民间游戏来做数学活动。在这个活动中，放几个圈，站几个人，其中就蕴含着数运算的思想。每一次在幼儿数量不变的情况下，思考在圈的数量和大小变化时每个圈中站几个人才能再次躲过老狼，就是一次数运算的过程。

1. 分解与组合

包含一定数量的集合可以分解为数量相同或不同的部分，这些部分也合成一个整体。这就是数的分解与组合，即我们平时简称的"数的分合""数的组成"。

2. 数量的变化

数量的变化，即在集合中添加物体使集合的总数变大，或者在集合中减少物体使集合的总数变小。比如，小朋友原来有5颗糖，后来又拿到了3颗糖，那么现在有几颗糖？

数量的变化对于幼儿来说是较为抽象的概念。4岁前，幼儿基本不会加减运算，在碰到类似的问题时，他们有时可以用数数的方式来解决，但是对于数量的变化的概念还不能够充分理解。4岁以后，幼儿开始能够借助实物进行一定数量的加减运算，对于量的概念有了初步的了解。到了5岁，幼儿进行加减运算的对象不再局限于实物，而是可以拓展到一些非实物上。同时，他们逐渐发展了运用数的分解与组合进行加减运算的能力，基本达到了按数运算的程度。

数运算可以帮助幼儿理解数之间的关系,但是从幼儿相关能力的发展轨迹来看,还是要为幼儿提供相关的情境,帮助幼儿在情境中理解数之间的关系,学会对数量进行比较和运算。

上述内容简要介绍了幼儿数学学习核心经验的一个部分——数概念与数运算,通过对幼儿学习与发展特点的阐释,教师在对数学活动中应当注重以下几点内容。

① 使幼儿在直接感知和实际操作中获得经验、积累经验。

② 使幼儿在低结构的日常游戏中巩固经验、提升经验。

③ 使幼儿在相关概念的学习和互动中发展数学能力。

站　　圈

1. 回忆常见游戏"站圈"的玩法,思考其中蕴含着的数学学习核心经验?

2. 在这一游戏的基础上进行改编,应该如何将数概念与数运算的内容更好地融入其中?

3. 请结合幼儿数学学习核心经验,尝试设计一个完整的"站圈"活动。

图书在版编目（CIP）数据

幼儿教师基本功：爱上数学／徐苗郎主编．— 上海：
华东师范大学出版社，2018
（幼儿教师基本功）
ISBN 978-7-5675-8162-3

Ⅰ.①幼…　Ⅱ.①徐…　Ⅲ.①数学课－幼教人员－教
师培训－教材　Ⅳ.①G613.4

中国版本图书馆CIP数据核字（2018）第192597号

幼儿教师基本功：爱上数学

主　　编　徐苗郎
项目编辑　余思洋
审读编辑　余思洋
责任校对　林文君
装帧设计　俞　越

出版发行　华东师范大学出版社
社　　址　上海市中山北路3663号　邮编 200062
网　　址　www.ecnupress.com.cn
电　　话　021-60821666　行政传真 021-62572105
客服电话　021-62865537　门市（邮购）电话 021-62869887
地　　址　上海市中山北路3663号华东师范大学校内先锋路口
网　　店　http://hdsdcbs.tmall.com/

印 刷 者　常熟高专印刷有限公司
开　　本　787×1092　16开
印　　张　9
字　　数　146千字
版　　次　2018年11月第1版
印　　次　2022年7月第3次
书　　号　ISBN 978-7-5675-8162-3/G·11400
定　　价　40.00元

出 版 人　王　焰

（如发现本版图书有印订质量问题，请寄回本社客服中心调换或电话021-62865537联系）